Bayern und Bier

von

Paul Riedel

Bayern und Bier

Geschichte und Genuss

von

Paul Riedel

www.paul-riedel.de

Printed in Germany

Erste Auflage 2023

Bibliografische Information der Deutschen Nationalbibliothek:
Die Deutsche Nationalbibliothek verzeichnet diese Publikation in der Deutschen
Nationalbibliografie; detaillierte bibliografische Daten sind im Internet über
dnb.dnb.de abrufbar.

© 2023 Paul Riedel

Umschlag: © Paul Riedel, München 2023

Herstellung und Verlag

BoD – Books on Demand, Norderstedt

ISBN: 978-3-7583-0659-4

Paul Riedel

Ein Künstler zu sein ist nicht nur ein Beruf, sondern auch ein ständiger Kampf gegen die Ströme der Gesellschaft. Das habe ich bereits in meinen ersten Karrierejahren mitbekommen.

In meinen politischen Ansichten war protestieren gegen die Unterdrückung der Homosexuellen mein ständiger Begleiter. Ebenso wichtig waren Tierrechte und Umweltschutz. Je mehr man aus der Geschichte lernt, desto mehr will man in dem einen kurzen Lebenszeitraum, den man zur Verfügung hat, korrigieren. Der Pfad zur Erfüllung meiner Ziele, führte mich dazu, den Sinn für Genuss zu wecken und die Gesellschaft vom negativen Marketing und der Übermacht der Monopolisten der Bier-Welt zu befreien. Als Biersommelier stelle ich mir die Frage, wie weit darf ich mit gutem Gewissen Alkohol an Dritte anbieten und konsumieren. Alkoholismus ist eine klar definierte Krankheit nach der ICD10, aber wie geht man mit dem Sozial trinken um?

Fragen wie diese beschäftigten mich, während ich meinen Weg des Genusses gestaltete. Bei meinen Stadtführungen sehe ich es als meine Mission, dies an meine Gäste zu vermitteln.

Ich habe eine Ausbildung als Sommelier abgeschlossen, um einen professionellen Hintergrund zu dieser Frage sicherzustellen. Die Ausbildung war umfangreicher, als ich erwartete und bestärkte mich in meinen Ansichten. Mein Konzept erarbeitete ich in Brüssel im Jahr 2006. Ich erkannte den schlechten Ruf, den das Bier begleitet. Biertrinker waren gesellschaftlich weniger angesehen als

Wein oder sogar Scotch Trinker. Biertrinkende Frauen leiden sogar noch mehr als Männer an übler Nachrede.

Bier enthält weniger Alkohol, weniger Zucker und hat sogar Vitamine und andere positive Eigenschaften, im Vergleich zu Wein und Scotch. Aber keinen interessiert es.

Ich habe das Bier genau angeschaut. Dabei wurde mir klar: Das Bier hat eine lange und spannende Geschichte. So begingen meine Mission und Begeisterung für dieses Getränk und ich entdeckte den gesunden Genuss.

Nicht selten empfing ich in meinen Stadtführungen Gäste, welche bereits angetrunken waren, oder prahlten, noch einen Kater vom Tag davor zu haben. Gerade solche Personen können den Wert meiner Touren kaum schätzen. Umso mehr vermisste ich ein Konzept für die Bierpräsentation, dass auch den Biertrinker, zu einer neuen Perspektive des Erlebnisses motivieren soll.

Jedoch ein professioneller Sommelier trinkt nicht während der Arbeitszeit, er probiert nur in kleinen Schlucken.

Mein Ziel ist jedem zu helfen, das Beste aus dem Moment und dem Genuss zu gewinnen, um unvergessliche Augenblicke zu erleben.

In meiner Präsentation spreche ich alle Sinne an, denn wer mit dem Tag zufrieden ist, wird ihn so schnell nicht vergessen, oder?

Testen Sie meine Methode und haben Sie dabei mehr Genuss in Ihrem Leben.

Mit einer kleinen Ziege fing es an

Mythologie hat mich immer fasziniert. Schon als Kind begleiteten mich viele Helden und Götter aus der Mythologie, wie zum Beispiel Thor. Der Hauptzeitvertreib dieses Gottes fressen und saufen. In meiner Generation galt man nur als Mann, wenn man sich ebenso verhielt. Hier hatte ich schlechte Karten, weil ich dem nicht entsprach.

Der Erzählung nach hatte der Gott Thor eine Ziege namens Heidrun. Sie gab Bier und Met aus ihren Zitzen ohne Ende. In anderen Quellen brachte sie Met auch für gefallene Helden, aber egal wie, sie sorgte für Spaß und Genuss.

Der Gott Thor wurde von zwei Böcken gezogen und die liebe Heidrun war stets dabei. Sie fraß aus dem Larad Baum, einem Verwandten von Yggdrasil und daraus produzierte sie dann ihr Bier und Met.

Ich wählte Heidrun als meine Begleiterin in diesem Buch aus. Denn Tiere haben etwas, das man in unserer Gesellschaft vermisst: Mäßigung. Gerade beim Thema Bier, ist das kein Luxus, sondern erstrebenswert.

Ob beim Essen, Trinken, Telefonieren oder dem Ausbeuten des Planeten, haben wir jegliches Maß verloren und kämpfen mit den Konsequenzen.

Heidrun gewährleistete uneingeschränkten Zugang zu Met und Bier. Die beiden Böcke wurden von Thor als Abendessen verspeist und anschließend mit deren Felle abgedeckt, wodurch sie sich regenerierten. Dieses Wunschdenken wiederholt sich in vielen Märchen und

Sagen, wie zum Beispiel in der griechischen Sage der Jason und der Goldenen Vlies, das Schlaraffenland oder Tischlein deck dich.

In der Antike waren viel Essen und Trinken, ein Vorrecht der Götter. Sie erkannten die Sonderstellung an. Der moderne Mensch will sich wie ein Gott fühlen, aber wir sehen an den Problemen der Zeit, dass der Überfluss uns nur krank macht. Wir sind nun mal keine Götter und unser Essen und Trinken regeneriert sich nicht durch wundersame Haustiere.

Ihr seht, Heidrun passt hier perfekt als meine Begleiterin. Sie gibt besondere Hinweise, Kommentare und Rezepte. Darum meine Bitte an die Leser: Seid mäßig und respektiert alle Lebewesen, sogar die Menschen.

Vorwort

Auf dem Weg nach Kanada landete ich in München wegen eines Jobs. Begeistert von der lokalen Geschichte und Tradition blieb ich hier und widmete mich der wertvollen bayerischen Kultur.

Es war also ein Zufall, dass ich im Jahr 1984 nach Bayern kam, aber ein Glück, dass ich meine zweite Heimat hier fand.

Damals träumte ich von einer Zukunft in Toronto und Bier war von mir weit entfernt.

In den Achtzigerjahren war Whisky en vogue und in Discos war es wichtig bunte Cocktails in Händen zu halten. Auf diese Drinks mit Schirmchen und Gedöns komme ich später. Am Anfang der Achtziger waren wir cool. Man kann es sich kaum vorstellen warum, aber auch darum schreibe ich dieses Buch, oder?

In unserer aktuellen Welt der elektronischen Medien, Social Media und der oberflächlichen Kontaktbörsen schaut man erst auf ein Profilbild. Schnell wird nach links oder rechts gewischt und nach dem nächsten Profil gesucht. Meistens ohne zu wissen, dass man dabei die besten Partnerkandidaten weggewischt hat. Unser Hofnarr Prangl (Am Karlstor), als Liebesbote, wäre dabei schirr geworden.

Damals besaßen wir kein Profilbild. Mit unseren Frisuren und schrägen Klamotten hätten wir auf einem Foto eher einen Platz in einer Freak-Show bekommen als eine Einladung auf ein Date. Dafür haben wir mit unserem Haarspray jedoch einiges zum Ozonloch beigetragen. Dies werden uns die Wissenschaftler irgendwann mal vorrechnen.

Wir identifizierten uns durch unsere Drinks. Teure Drinks signalisierten „ich bin zu fein und ein zu teures Date für Dich". Bunte Drinks mit Dekor und riesigen Gläser waren Mauerblümchen, sie zeigten, entweder „Ich bin lustig und keiner weiß es" oder „Hilfe, ich bin wieder allein". Um solche Burschen machte ich meistens einen Bogen. Gä, die waren nicht mein Ding.

Die wirklich coolen Typen tranken Johnny Walker Black. Und das Beste dabei war, dass wir davon nicht betrunken werden konnten, weil das so teuer war, dass wir uns zu Karrierebeginn höchstens einen Drink pro Abend leisten konnten. Mit diesem in der Hand stolzierten wir dann lange herum und das Dating funktionierte hervorragend.

Ich will nicht als Petze gelten, aber einige meiner Bekannten holten sich ein, von Fremden hinterlassenes Glas, und versuchten, den ganzen Abend den misstrauischen Kellnern zu entwischen.

Ich will nicht nur über die alten Zeiten berichten. Aber es verdeutlicht, warum ich dieses Land und die Küche so zu lieben lernte. Ich gebe hier eine Sammlung von meinen Sprachkenntnissen, lokalem Aberglauben, Bier-Partys zu organisieren und wie man mit jedem kulturellen Hintergrund Bayern verstehen und lieben kann. Sei es für private oder geschäftliche Zwecke.

Bayern

Reichsdeputationshauptschluss heißt die größte Veränderung auf der europäischen Landkarte, die der Korse Napoleon Bonaparte durchführte.

Im August 1802 trat eine Kommission zusammen, welche den Frieden von Lunéville herbeiführen sollte.

Lange Verhandlungen folgten und wie immer in der Geschichte, nach den zahlreichen Kriegen, saßen Männer zusammen, um das Geld zu zählen. Siebenundvierzig Reichsstädte wurden im Nu, zu Bayern, Baden und Württemberg zusammengefasst.

Wie Borgs (im Star Trek), hat die Kommission alle assimiliert. Sprachen und Kulturen wurden dabei ignoriert und so entstand die bunte Mischung des heutigen Bayerns.

Noch dazu trat Napoleon Bonaparte der Kirche auf die Füße. Mit der Säkularisation einverleibte er die von Bischöfen beherrschten Hochstifte. Hier kamen Städte wie Regensburg und Salzburg zu Bayern. Später schenkten wir Salzburg zwar wieder Österreich, aber das ist ein anderes Kapitel. Napoleon bildete dabei einen Bund mit den drei neuen Ländern gegen die Familie Habsburg.

Kaiser Franz II. von Habsburg legte dann seine Krone im Jahr 1806 nieder und das war das Ende von fast neun Jahrhunderten des Heiligen Römischen Reichs deutscher Nationen. Somit der Beginn des bayerischen Königreichs unter Maximilian I.

Wir werben mit Vielfalt, denn überall in Bayern spricht man anders und pflegt seine eigenen Trachten und

Traditionen. Bis 1806 war auch Bayern selbst weit entfernt eine gemeinsame Identität zu finden, und jetzt sind sie sogar dabei diese wieder zu verlieren.

Als Bayern dann als Königreich im 1806 ernannt wurde, hoben viele der Einwohner des Landes die Augenbrauen und hegten Zweifel am Adel, der sich festigen wollte. Sicher sind die Wittelsbacher über siebenhundert Jahren hier zu Hause gewesen, aber die Stationen der Familie hat viele Höhen und Tiefen gehabt. Es war kurz vor einem Widerstand des Volkes gegen die französische Einmischung, als Maximilian begriff, dass er handeln musste. Er nutzte die Hochzeit seines Sohnes Ludwig I., für den Identitätsaufbau im Land. Trachten aus der gerade verlassenen Barockzeit kamen von überall her (mehr oder weniger als Sonntagskleid) und marschierten vor dem frischvermählten Paar, Ludwig I. aus Zweibrücken und Therese von Sachsen.

Wer nach München kommt, wundert sich über meine Begeisterung zur „wunderbaren Architektur". Ja, die Jahre des Krieges sind kaum zu übersehen. Die Architektur, die nach der Zerstörung entstand, ist diskussionswürdig. Diese zeigt nicht mehr viel von dem königlichen Erbe und der so fabelhaften Vergangenheit. Überall sieht man, wie fleißig gearbeitet wurde, um die besondere Atmosphäre wieder herzustellen und die lokale Gastfreundschaft wieder aufzubauen.

Der erste Eindruck

Brauchtum in Bayern hat einen großen Stellenwert und das ist das, was für die Welt auf Katalogen dargestellt wird.

Die Werbekataloge zeigen, traditionell inkorrekt, vollbusige Mädchen im Dirndl, die überfüllte Maßkrüge servieren. Das hat, fei wirklich nichts mit Trachten zu tun.

Männer in Lederhosen steppen die Füße in eigenartiger Eleganz. Das ist, fei auch kein Schuhplattler.

Und in den fernen Bergen blasen nur Männer in das Alphorn. Als hätten Frauen keine Lungen, Gä.

Ja, diese Instrumente sind in Bayern populär, aber sonst nirgends in Deutschland.

Wenn Menschen aus anderen Ländern solche Kataloge betrachten und mit Tränen in den Augen erklären, wie Oma oder Opa aus Deutschland auswanderten, muss man viele Fehlinformationen korrigieren.

Innerhalb des Landes gibt es gewaltige Unterschiede an traditionellen Kleidungen und Gebräuchen.

Besonders augenscheinlich in Bayern sind die Hüte. Blumig dekoriert sind die Hüte der Frauen, mit Jagdtrophäen geschmückt die Männerhüte. Heute noch im Kocherlball zu sehen.

Auffällig ist der Männerschmuck, der Gamsbart auf den Hüten. Viele geben Unsummen dafür aus und wissen nicht, dass Gamshaare nicht so lang sind, und kaufen teuer Pferdemähne ein.

Männer des Landes sind durch deren Lederhosen weltbekannt. Die Lederhosen existieren laut einigen Historikern im europäischen Raum seit dem 15. Jahrhundert. Ich muss hier meine Kollegen etwas korrigieren, sogar vor 5.000 Jahren hat bereits der Ötzi eine Lederhose getragen. Da man diese nie wäscht, hoffe ich, dass die Wissenschaftler dies uns zugute gegen unsere Sprühschäden der Achtziger rechnen.

Die Lederproduktion bedarf viel Wasser. So waren Spanien und Frankreich, wegen deren Küstennähe, für die Produktion des edlen Materials prädestiniert.

Sansculotte hießen die französischen Beinkleider und waren Arbeiterhosen mit längeren Beinen, was auch in der aktuellen Lederhosenmode aufgenommen wurde. Kein Dekor oder geschnörkelte Verzierungen, wie manche Schnösel heutzutage im Bierzelt tragen. Die Hosen waren geräumig geschnitten, weil sie ein ganzes Leben den Besitzer begleiten sollten. Man braucht Platz zum Wachsen. Insbesondere, wenn man Bier mag, um die Bauchgegend. Die Verzierungen waren eher für das edle Volk reserviert. Diese trugen keine Ziegen oder Schweinsleder. Sie zogen die Tiere, die sie jagten an, wie den Hirsch oder die Gams. Egal, ob Adel, oder Fußvolk, keiner trägt Unterhosen.

Wer sich zum Oktoberfest eine Lederhose kauft, liegt sehr daneben, weil der richtige Münchener die Jeans vorzieht. Da wir alle wissen, dass sogar bei meisterhaft arbeitenden Bedienungen, es vorkommt, dass Bier auf den Feinen-Loden verschüttet wird, und das ist schwer zu reinigen.

Die neue Generation nach Corona ist etwas spendabler. Sie geben sich sehr traditionell in deren zu eng geschnittenen Lederhosen. Später versteigern sie dann das speckige Trachtenstück im Internet.

Lederhosen gibt es auch kürzer, welche der Alpenbereich populär gemacht hat. Dazu gehört der Wadelwärmer, wenn man es richtig tragen will. In den

Alpen müssen die Kleider robust sein und dafür passte dieses Kleidungsstück bestens. Beim Dirndl merkt man, dass diese eine Schürze hat. Diese, wie auch die Bluse, wurden mehrfach gewechselt, aber nicht das Kleid. Unterwäsche kam weit später dazu.

Man zieht sich hier von Kopf bis Fuß nach den lokalen Traditionen an, und so ist dafür auch ein passender Schuh vorgesehen. Er wird Haferlschuh genannt. Je nach Regionen auch als Bundschuh oder Schützenschuh bezeichnet. Mit dem seitlichen Schnürverschluss ist er am populärsten. Es gibt Varianten mit oberem Verschluss, aber diese entsprechen nicht dem lokalen Usus.

Der Bayerische Haferlschuh wurde im Jahr 1803 designt und seither hat er nichts an Popularität verloren. Diese werden auch von den berühmten Schuhplattlern und Schäflern getragen.

Frauenschuhe sind in unseren Traditionen kaum beschrieben, weil unsere Damen sich immer wieder was einfallen lassen und sich nach Modetrends richten. Auch das berühmte Dirndl ist kaum über hundert Jahren alt und unser König, Ludwig II. hat es nie gesehen. Es wurde am Ende des 19. Jahrhunderts in den urbanen Bereichen populär und dann wuchs ihre Beliebtheit.

Unsere Halstücher und Schals drapieren wir um die Schulter, oder binden sie um den Hals. Ich trage das seit vielen Jahren und halte es für sehr elegant.

Zu erwähnen wäre auch das Charivari, eine Silberkette mit Medaillen und Attributen aus verschiedenen Regionen.

Eine schöne Tradition hier, die man in fast allen trendigen Shops findet. Nicht nur Männer tragen es, sondern auch Frauen. Will man wirklich dazu gehören, sollte man sein Charivari auch mit den Medaillen der Orte, die man besucht hat, schmücken.

Unser Lieblingskönig Ludwig I.

Am Anfang des 19. Jahrhunderts, als Ludwig I. vom Prinzen zum König wurde, war die Lederhose auch in Frankreich äußerst verbreitet.

Kleider machen Leute, das wusste unser König Ludwig I. bereits. Viele Bayern verdrängen gerne, dass unser Lieblingskönig aus Frankreich stammte. Um genauer zu sein, aus Straßburg. Das aber liegt daran, dass wir ihn gerne nur für uns haben wollen. Aber keine Sorge, wir lieben unsere „Franzosen Nachbarn" von ganzem Herzen.

Wenn man die Residenz in München besucht oder das Schloss Nymphenburg, begegnet man den schönsten Porträts des Königs. Seine Gesichtszüge verraten, dass er ein überaus charmanter Mann war. Frauen schmolzen auf dem Weg, den er beschritt, dahin und sein Charme war sein Glück, wie auch sein Verderben. Wegen seiner vielen Liebeleien, unter anderem mit der berüchtigten Lola Montez, und seiner Verwaltungsprobleme musste er im Jahr 1848 abdanken. Lola wurde nach New York ins Exil geschickt. Ein richtiges Teufelsweib, das sich in die Politik einmischte und die Gesellschaft besonders provozierte, mit Zigarettenrauchen oder sogar einer mitgeführten Reitpeitsche. Sie kann im Schloss Nymphenburg in der Galerie der Schönen betrachtet werden.

Ein wirtschaftliches Debakel entstand durch die Bierrevolution im Jahr 1844. Ludwig musste den Protesten des Volkes nachgeben und den Bierpreis um zehn Prozent reduzieren. Aber das war nicht die einzige Bierrevolution im Land. Eine weitere folgte im Jahr 1888 und sogar, etwas aktueller, am 12. Mai 1995. Sie wurde dann als "Bayerischen Biergartenrevolution" bekannt. Wenn der Preis nicht passt, meldet sich das Volk zu Wort.

Durch König Ludwig I. entstand die erste Zug-Linie in Bayern, die wunderbare klassizistische Architektur von München des neunzehnten Jahrhunderts und einige bayerische Traditionen, wie zum Beispiel, das Oktoberfest. Seine Hauptarchitekten waren Klenze und Seidel. Büsten von beiden Herren, die im Südfriedhof bestattet wurden, können am Gärtnerplatz betrachtet werden.

Das erste Oktoberfest fand am 17. Oktober 1810 mit einem Pferderennen statt. Die Werte, die er von seinem Vater Max Joseph lernte, reichte er an seinen Sohn Maximilian II. weiter. Maximilian II. wird dann der erste bayerische König sein, der eine Tracht mit Stolz trug. Im Oktoberfestmuseum können die Ereignisse in den verschiedenen Präsentationsräumen verfolgt werden. Unsere Oktoberfestkönigin Therese aus Sachsen trägt mit einem besonderen Detail zur Geschichte bei, weil das erste Bier des Landes nun mal aus Sachsen kommen.

Seit Maximilian II. flanieren die Bayern mit ihren feinen verzierten Lederhosen herum, wenn auch viele gar nicht mehr wissen warum. Mit Ausnahme mancher Trachtenvereine, die über dieses Wissen unserer jungen Geschichte verfügen.

Der Trachtenboom

Der Trachtenboom fing mit Maximilian II. Mitte des 19. Jahrhunderts an und hält bis heute.

Trachtenvereine oder Schützenvereine nehmen sich die Brauchtumspflege als Aufgabe. Bereits im Mittelalter organisierten die Bayern eine Front gegen Fremdeneinzüge. Es ging nicht um Ausländerhass, wie man manchmal in der Presse liest, aber um Brauchtum und gemeinsame Werte. Sicher, einige haben das doch in Ausländerhass umgewandelt, aber es gibt immer einige, die das Prinzip nicht begreifen und weit das Maul aufreißen.

Die ersten Schützenvereine sammelten Bürger und Bauern in eine Wehrmannschaft bereits um das 16. Jahrhundert, noch vor dem Dreißigjährigen Krieg. Eigentlich sind Trachtenvereine Nachfolger der Schützenvereine, welche im 20. Jahrhundert entstanden sind. Bei den Namen merkt man, dass nicht mehr genau unterschieden wird zwischen den beiden Varianten.

Die Gebirgsschützen haben auch eine wichtige Stellung in der bayerischen Gesellschaft. Viele Mitglieder solcher Vereine, sogar wenn sie kaum einen Flaum im Gesicht haben, wissen, wie die Gebirgsschützen eine Verteidigungslinie entlang der Flüsse Loisach und Isar früher aufbauten.

Mein erster Eindruck der Bayern war nicht das Äußere allein, sondern die Redseligkeit. Sie kleiden sich fein und reden gerne, egal ob man sie versteht.

In ganz Europa findet man ähnliche Kulturvereine und sie tun viel, um die lokalen Traditionen zu pflegen. Aber immer noch versuchen wir uns, gegen Homogenität zu wehren, wie das der Fall in Schottland und Katalonien ist.

Religion ist unvermeidlich in der Gegend und mithin der Kult um die heilige Maria, die überall populär ist.

Insbesondere in Bayern wird sie sehr verehrt und fast jeder fromme Haushalt musste ein Gemälde oder eine Statue der Heiligen präsentieren. Das findet man in ganz Bayern wieder und nicht nur in München.

Ich lernte über diese Wurzel des Landes im Jahr 1986. Damals hatte ich das Glück, einen Freund kennengelernt zu haben, der sich mit der örtlichen Geschichte auskannte.

Dabei besuchte ich verschiedene Trachtenvereine und einmal begrüßte ich sogar den Leiter des Miesbacher Trachtenvereins in meiner Sendung im Radio LORA im Jahr 2016. Am Ende eigener Recherchen stellte ich fest, dass Lederhosen ebenso wenig bayerisch sind, wie ich, der aus Brasilien ursprünglich komme.

Diese kulturelle Bewegung wurde eher gegen die Preußen gerichtet. Das wissen viele der angeblichen Verteidiger der Kultur nicht, weil Maximilians II-Ehefrau aus Preußen kam. Das verwirrt auch ein wenig.

Maria von Preußen war eine resolute Dame und die angebliche Affäre mit Tambosi (dem Volksmund nach, eventuell der Vater vom Ludwig II.) zeigte, dass sie im katholischen Bayern etwas anders war. Klar wollten die Herrschaften der Regierung auch der fremden Dame zeigen, dass wir ebenbürtig sind, und Traditionen haben und uns auch äußerlich abgrenzen - durch die Tracht.

Der Anfang

Europa ist immer im Wandel und was viele gerne vergessen ist, dass Bayern, weit älter als Deutschland ist. Man spricht von Bayern als ein Staat im Bund, aber die Anfänge vor der karolingischen Zeit sind sogar im V. Jahrhundert dokumentiert.

Das Land war immer eher arm und wuchs durch gute Beziehungen und weniger durch kriegerische Eroberungen. Aber bevor wir zu den Wittelsbachern kamen, gab es eine Menge fränkischer Herrscher hier in der Gegend.

Das bayerische Reich wuchs auf einer Linie vom Stamm der pipinidischen und karolingischen Häuser. Klar findet man Referenzen zu Karl, dem Großen (König im VIII. Jahrhundert), der zum Kaiser gewählt wurde, in der Hauptstadt mehrfach. Viele verwechseln ihn mit Karl V. dem Großen, der eigentlich, König von Spanien war. Dieser stammt aus dem Haus Habsburg und ihn findet man auch in der Alten Pinakothek in München, in einem Gemälde von Tizian aus dem XVI. Jahrhundert.

Die Einfallslosigkeit der Familien im christlichen Raum bei der Namensvergabe an Kinder trug dazu bei, dass wir immer eine Menge Karls, Ottos und Ludwigs (oder Pauls) finden. Sogar die Zahlen und Nebenbezeichnungen helfen nicht viel, da diese sich wiederholen. Daher gebe ich immer das Jahrhundert vor den Namen an, damit man weiß, worüber gesprochen wird.

So sieht das Land aktuell aus

Bayern von heute nach der Säkularisation hat sieben Regierungsbezirke, basierend auf die ursprünglichen Staaten der Napoleons Zeit. Für jeden einen Löwen auf dem Wappen. Dieses zu verstehen, ist erforderlich, um unsere kulturelle Vielfalt zu erfassen. Die ersten Löwen kamen mit Agnes von der Pfalz im 13. Jahrhundert. Überall in München sind Löwen zu sehen und diese sind sogar das Hauptthema in einer Kollektion "Münchener

Löwenparade", welche von vielen Künstlern gestaltet wurde.

Im Süden liegen Oberbayern, mit der Hauptstadt München, das ist einfach zu merken. Niederbayern liegt im Nordosten davon, mit dem Regierungssitz Landshut. Sie ist auch einen Besuch wert. Augsburg, das wir zuvor angeschnitten haben und wo die berühmte Fuggerei gibt, liegt in Schwaben. Dies ist westlich von Oberbayern zu finden.

In der Mitte von Bayern sind zwei Staaten. Oberpfalz und Niederbayern. Da findet man Regensburg, wo ich manchmal Gäste hinbringe. Die drei Staaten (Oberbayern, Niederbayern und Oberpfalz) umfassen Altbayern. Hier wird bairisch gesprochen. Bairisch hat viele Unterarten, jeder Staat hat seinen eigenen Dialekt. Diese können sich kaum miteinander verständigen. Aber wir wollen nicht ganz kleinlich sein.

Westlich von der Oberpfalz ist Mittelfranken mit dem Regierungssitz Ansbach. Obwohl Bayern, aufgrund des massiven Marketings des Oktoberfests, mehr der Bierkultur verbunden wird, gehört die Pfalz und Franken zu den Top-5 Weinanbaugebieten in Deutschland.

Im Norden ist das schöne Franken, unterteilt in Unterfranken, mit Würzburg als Hauptstadt und zum Schluss Oberfranken, mit dem berühmten Wagner-Theater in der Hauptstadt Bayreuth.

Überall sind eigene Dialekte, Trachten und Eigenheiten, aber wir harmonieren in Einem: Jedem schmeckt das bayerische Bier.

Das bedeutet „Ein Scheitel allein brennt nicht" oder anders gesagt „Allein kommt man nicht voran". Egal, wo man in Bayern unterwegs ist, spürt man die Freundlichkeit und den Zusammenhalt. Ja, es gibt mal bisweilen einen Grantigen, aber das gehört auch zum lokalen Panorama.

Berühmte Straßen durchkreuzen das Land. Die Salzstraße zwischen Salzburg und Freising, welche sogar zur Entstehung Münchens beitrug. Oder die Nachkriegstouristenattraktion, die Romantische Straße von Würzburg nach Füssen, genießt Weltruhm. Es sollte auch klar sein, dass es neben der Porzellanstraße auch eine Bierstraße gibt. Die bayerische Bierstraße ist ein modernes Konzept mit vielversprechender Zukunft. Entlang der Hopfenfelder entstand die Idee, einen Tourismus-Weg aufzubauen. Angefangen in Ingolstadt, verläuft er derzeit durch Neuburg-Schrobenhausen, wo der Spargel herkommt, Pfaffenhofen an der Ilm und Kelheim. Mit dem Boom an Mikrobrauereien ist es zu erwarten, dass hier in den kommenden Jahren noch sehr viel passieren wird. Daher merken und wieder nach Bayern kommen, um diese schönen Gebiete und Attraktionen nicht zu verpassen.

Die Bierstraße verbindet zahlreiche Brauereien und Museen (u. a. das Brauereimuseum des Klosters Ettal) und demonstriert Herstellungstechniken.

Die Biergartenkultur

Das untergärige Bier Pils oder Helles, in bernsteinfarbenem Ton und malzigem Hintergrund ist leicht und wie man hier sagt süffig. Da dieses eine niedrige Temperatur zur Entfaltung benötigt, war es nicht gestattet, im Sommer zu brauen. Es darf nicht über fünfzehn Grad Celsius gären, sonst ist alles hin. Hier hat wieder die Kirche zwei Heilige als Marker gesetzt. Nur zwischen dem Tag des heiligen Michael am 29. September und dem Tag des heiligen Georg am 23. April durfte es gebraut werden.

Damit alles kühl gelagert werden konnte, haben die Bierbrauer Keller angelegt, die bis zu zwölf Meter Tiefe erreichten. Diese wurden mit Eis aus den umliegenden Gewässern gefüllt und das musste bis September herhalten. Die meisten Keller in München existieren noch. Auf dem Keller musste noch ein Schutz vor der Sonne organisiert werden. Hier kamen die Kastanienbäume. Sie haben eine niedrige Wurzel und eine breite Krone. Da später die Früchte herunterfallen, haben wir unsere Bierdeckel (meistens aus Holz) organisiert.

Leicht zu handhaben war der Ausschank in unmittelbarer Nähe des Kellers. Auch die Nachversorgung war gewährleistet. Einige dieser Keller gibt es noch heute, wenn auch nur als Lokalnamen, wie zum Beispiel Augustinerkeller, Hofbräuhauskeller oder der Paulanerkeller.

Überall blühen unsere Kastanien in Rosa und Weiß im Frühling und im Herbst erfreuen sich unsere Rosse und Rehe der Früchte der Kastanienbäume.

Schatten fürs Bier und Futter für die fleißigen Tiere. Die Braurösser beeindrucken beim traditionellen Einzug ins Oktoberfest.

Seit dem Dreißigjährigen Krieg galt diese Brauverordnung, weit vor der Etablierung des neuen Bayerns von Napoleon Bonaparte.

Maximilian I. führte einen liberalen Handel für die Brauereien ein und dies führte dann zu einer Eskalation mit den lokalen Wirten.

Gier ist die Mutter aller Rangeleien und so gab es Zoff, als 1811 im Biergarten Mahlzeiten serviert wurden. Die Kundschaft kühlte sich unter den Bäumen, die Gaststätten waren leer und die Wirte hungerten. Sofort wurde unser Maxl angesprochen. Dieser erließ am 4. Januar 1812 schließlich die Biergartenverordnung.

So ist es bis heute zu sehen, dass unsere Brezen immer von netten Bedienungen angepriesen werden. Sei's auf der Wiesn, im Hofbräuhaus oder in anderen Biergärten.

Gesellig war unser erster König. Er wurde öfter in den Schrannen gesehen, als in den Kasernen. Bayern war meistens ein friedliches Land. Truppen haben wir eher weniger gehabt und im Krieg waren wir selten dabei.

Man kann sein Essen beim Wirt erwerben, oder einfach zu Hause vorbereiten.

Ein schöner Radi, Gewürzgurken, Wurstsalat und Obazda sind die Grundelemente, die die Hiesigen erwarten. Klar, wir sind weltoffen, und sogar mit Humus oder Schaschlik ist es in Ordnung. Hauptsache ist, dass wir das Bier, im Biergarten erwerben. Teilen mit den Gästen am Tisch ist gerne gesehen. Freundlich über die Welt ratschen und wenn einer fragt, ob noch ein Platz frei am Tisch ist, rückt man gerne zusammen.

Das im März angelegte Bier wird dann zum heiligen Georg fertig sein und danach war Pause mit dem ganzen Brauen. Ob deswegen das Bier Märzen heißt, bin ich mir bislang nicht ganz schlüssig.

Das damalige Märzen wird derzeit weniger gebraut. Der Gesellschaftsanspruch hat sich verändert. Unsere Umgebung und Speisen verlangen nach anderen Reizen.

Dunkles wird weniger als Helles getrunken, hopfig und herb statt malzig und süß.

Klar, das Marketing der Brauereien zielt zu sehr auf einen abnormen Konsum ab, und hier muss man sich etwas überlegen, inwiefern man nachgibt. Der Brauer will literweise verkaufen, aber unser Magen fasst nur 1,5 Liter.

Quellen zufolge, werde Märzenbier meist nur noch auf dem Oktoberfest angeboten.

Familienbrauereien in Bayern sind sehr traditionell, und deshalb findet man dort noch das Märzen.

Die Behauptung, dass leichtere Biere, derzeit in Mode sind, halte ich für sehr gewagt. Sogar die meisten Amerikaner können das Cool, Zero und Light kaum noch aushalten. Wenn man eine mildere Variante sucht, ist in Bayern das Alkoholfrei zu finden und alle Biergärten bieten das an.

Ein wichtiger Zweig der Biere im Biergarten ist Radler. Ob mit Limo, Apfelschorle oder Grapefruit-Schorle findet man diese Mischung überall. Gerade wenn man noch Auto fahren muss, oder auf Kinder aufpasst, kann man mittrinken, ohne schlechtes Gewissen.

Küchenallerlei zum Bier

Zum Genießen mit allen Sinnen darf man das gute Essen nicht vergessen. Eine gute Kräutermischung für Salate ist nicht schwierig selbst herzustellen. Obwohl man sie im Supermarkt fertig kaufen kann, empfehle ich jedem, seinen eigenen Geschmack zu entdecken.

Ich kaufe zwar die Kräuter im Supermarkt und mische diese miteinander, aber dabei kreiere ich meine eigene

Komposition. Weniger Nüsse, mehr Pfeffer und Vorsicht mit Salz.

Trockene Kräuter halten sechs Monate ohne Probleme in einem geschlossenen Glas. Sicher kann man diese Kräuter auch über Jahre aufbewahren, aber nach einer Zeit schmecken sie nur noch wie Stroh. Daher immer auf dem Boden oder auf dem Deckel die Haltbarkeit dokumentieren. Das ist eine gute Methode, seine Ernährung ausgewogener zu gestalten. Liegen die Kräuter zu lang unangetastet herum, weißt man selbst, dass man etwas mehr Salat essen sollte.

Getrocknete Kräuter sind bekannt und häufig gekauft, aber leider selten geschmeckt. Diese enthalten ätherische Öle, und bis auf einige Ausnahmen riecht man kaum was. Um dies zur Geltung zu bringen, müsste man sie zuvor pressen, mit Salz mischen oder in Öl auflösen (einlegen). Ich bevorzuge die Salzmischung. Salz nimmt die Öle gut auf und hat eine längere Haltbarkeit.

Ich liebe es, meine Rezepte manuell aufzuschreiben. In der übertechnologischen Welt von heute will man alles fotografieren und hochladen, speichern und dann vergessen.

Die Informationsflut ist unserem Bier und Essenskonsum fast gleichzustellen. Darum empfehle ich unbedingt, sich die Zeit zu nehmen und entspannt einige meiner Tipps für die Küche aufzuschreiben. Vor allem manuell. Die Kalligrafien von manchen Personen waren so ungeübt, dass sie dem Tanz einer Spinne, die in Tinte getunkt besoffen auf dem Papier tanzte, glichen. Kräutermischungen sind für eine einfache Bierverkostung hilfreich, aber man sollte unbedingt beachten, dass Salz sehr moderat zu genießen ist. Salz verändert den Geschmack. Beachten Sie das.

Ich benutze meine verschiedenen Kräutermischungen für Salate und Suppen, aber auch um Käse und einige Vorspeisen zu würzen. Kräuter sind neutraler als Kondimente wie Kardamom, Muskat oder Nelken. Auch diese Kräuter können für das Food-Pairing oder die Bierverkostung eine sehr exotische Note haben. Insbesondere für meine Weihnachtsverkostungen wende ich sie gerne an. Meine Empfehlung ist immer mutig vorzukosten. Wir werden erstaunt sein, über die Vielfalt an guten Geschmäckern, die wir entdecken.

Berufstätige Freunde haben das von mir gelernt und hier meine Kräutermischung für Salate.

Kräuter sind neben einer medizinischen Wirkung auch magische Eigenschaften zugeschrieben. Ich bin ziemlich pragmatisch und daher ist mein Glauben an Magie sehr limitiert. Aber ich habe festgestellt, dass einige gesundheitliche Eigenschaften, aufgrund unserer wenigen Kenntnisse über die Kräuterwirkungen, einfacher mit Magie erklärt werden können. Die Lebensdauer der ätherischen Öle variiert und man sollte sich damit auskennen, um eine lange anhaltende Mischung konzipieren zu können.

So geschah es ebenfalls mit der Meisterin der Kräuterkunde, Hildegard von Bingen. Geboren im spät 11. Jahrhundert, lebte sie lang und ich hoffe sehr gesund bis zum Alter von 81 Jahren. Sie ist die Entdeckerin des Hopfens. Ohne diese Frau hätten wir bis heute nur süßliches Bier. Aber die Kirchenleute waren auf sie neidisch (was für ein Ausnahmeverhalten, haha). Mit der

Angst der eventuellen Anschuldigung der Hexerei, aufgrund ihrer Visionen, musste sie sich in der Männerwelt durchsetzen. Sie war eine Zeitgenossin von Friederich Barbarossa, der indirekt der Gründer von München war.

Sie entdeckte, dass der Bitterstoff des Hopfens das Verfaulen des Bieres (und andere Prozesse) verzögerte. Das ist so gesehen ein Konservierungsmittel. Ich empfehle jedem, der sich für alternative Methoden für den Biergenuss interessiert, sich etwas mit Kräuterkunde zu befassen. In einigen meiner Mischungen, die ich später im Buch behandle, wende ich Rosmarin, Holunder, Lavendel u. a. an.

Neben den blumigen Aromen und belebenden oder beruhigenden Eigenschaften bieten diese und andere Kräuter auch einen angenehmen Ausgleich zum Alkohol und Zucker.

Intelligent genießen erhöht die Lebenserwartung!

Aber Salz war der Anfang

Mit oder ohne Trachten, Bayern ist sonnig und wunderschön. Wir genießen mit Freunden und Fremden unseren Biergarten. Ich spreche bewusst von „unseren", da ich nach vierzig Jahren Bayern als meine zweite Heimat gefunden habe. Kein leichter Weg, aber mit einem lohnenden Ziel.

Salz brachte für Bayern viel Aufmerksamkeit. Die Salzburger Salzstraße nach Freising (im Norden München) war so berühmt, dass der Verwalter der Lüneburger Salzstraße, Friedrich Barbarossa, seinen Cousin als Herzog in das bislang noch nichtexistierende München sandte.

Durch Heinrich den Löwen entstand die Weltstadt mit Herz, München. Heinrich, den Löwen, sieht man noch im Alten Rathaus als eine bronzene Statue verewigt.

Kaiser Friedrich I. wurde auch Barbarossa genannt. Er nahm an den zweiten und dritten Kreuzzügen teil und ist in Bayerns Geschichte besonders wichtig. Er brachte zu uns die Familie Wittelsbach. Für mich ist es immer noch ein Rätsel, wie er von Lüneburg aus Bayern verwaltete. Die Entfernungen waren nicht nur sehr weit, sondern auch gefährlich. Er mischte sich hier in der Umgebung sogar in die Braukunst ein, weil er die Bierbrauer aus Augsburg rügte. Er wies den Burgvogt des damaligen Bistum Augsburg im Jahre 1156 an, fünf Gulden Strafe zu verhängen, wenn schlechtes Bier ausgeschenkt werden sollte.

Viele denken nicht, an solche Details, aber Augsburg gehört zu Bayern erst seit der Säkularisation, wie auch Salzburg. Davor gehörte Augsburg zum Bistum Mainz.

Die Tradition der Herzöge, Könige und Kaiser wird seit dem Jahr 556 n. Chr. aufgeschrieben. Wir wissen, dass Garibaldi I der älteste dokumentierte König Bayerns war. Aber das Reich, von Verona bis weit nach Kroatien, hieß Land der Bajuwaren, bis Napoleon Bonaparte kam.

Genug ausgewandert in die Geschichte, kommen wir zurück zum Salz.

Mit Salz kann man viel machen. Mit Fleisch kombiniert, dazu noch Fantasie, Gewürze und Kräuter entstehen die vielen bayerischen Wurstvariationen. Alles, was man nicht sehen will oder soll, wird zur Unkenntlichkeit zerdrückt und mit Salz vermengt und in Würste verwandelt. Es gab keinen Kühlschrank und zur Aufbewahrung der Früchte und Ernte gab es nur Salz, Essig oder das Austrocknen, Räuchern oder Sonnen.

Mag sein, dass viele behaupten, Fleisch zu mögen, aber bis auf Steaks, sieht, das, was auf den Teller kommt, nicht mal im Entferntesten wie Fleisch aus.

Der Geschmack des Fleisches ist unter so viele Gewürze verpackt, dass man auch vegetarische Versionen kaum noch unterscheiden kann.

Als geborener Vegetarier war für mich der Anfang in Bayern schwierig. Jeder um mich herum meinte, dass man ohne Presssack und Blutwurst keine bayerische Brotzeit machen kann. So kaufte ich das ein und widerwillig kaute ich an dem Zeug und schluckte es herunter. Heute weiß ich, dass das ein Schmarrn war. Man kann auch als Vegetarier hier ausgezeichnet leben.

Vegetarier war mal sogar ein Schimpfwort, aber es hat sich vieles zum Glück verändert.

Damals, in den Achtzigern, überzeugte man mich auch, Leberkäse auszuprobieren. Zugegeben, ich fand ihn nicht uninteressant, aber meine Nase sagte Nein. So kaufte ich für meine Freunde ein und packte für mich Radi und Radieschen dazu.

Wenn wir sehr sachlich unsere Küche betrachten, sind die beliebtesten Produkte, diese, die am Verrotten sind. Käse besteht aus gekippter Milch, Bier, mit der Gärung von Getreide und Wein, mit gärenden Früchten und die besten Brote werden mit Sauerteig gebacken.

Wer meine drei Omas gekannt hat, weiß, dass alles, was nicht verbraucht wird, eingelegt, verpackt oder zu Suppe verarbeitet wird.

Früchte werden eingelegt, in Rumtopf, Liköre oder einfach, als Kompott oder Marmelade verarbeitet. Obwohl meine Omas aus ganz anderen Ecken der Welt stammen, sind Hausfrauen oder Hausmänner überall ähnlich im Haushalt. Brasilien, Angola oder Deutschland, überall nach dem Motto: Nichts wird weggeschmissen und vorsichtshalber für schlechte Zeiten aufgehoben.

Bis ich zu meiner bayerischen Platte komme, müssen wir aber ein Brot haben und der gute Hausmann weiß sein Brot selbst zu backen.

Alle unsere Speisen, die man selbst nicht zubereitet, das, was vom Supermarkt oder bestellt kommt, enthält viel zu viel Salz. Das liegt an der Haltbarkeit. Darum empfehle ich für die eigene Verkostung einen Koch zu engagieren, oder sich selbst in die Küche zu begeben und darauf zu achten, dass "keiner Ihnen die Suppe versalzt". Neben dem Konservierungsbedarf ist es auch die Tradition, die uns stets zum Salzen motiviert. Steaks, Gegrilltes, Chips, alles wird zu sehr gesalzen. Ich würde am liebsten allen meinen Gästen die Nachteile des Salzkonsums vortragen, aber wer will schon der Spielverderber sein?

Gute gemischte Kräuter ersetzen die Versalzung und stören nicht die Aromen der Biere.

Brot und Brotzeiten

Bier und Brot haben oberflächlich betrachtet die gleichen Grundzutaten, nämlich Getreide, Treibmittel und Wasser.

Beide sind gesund und sehr ursprünglich und Brot als Grundnahrungsmittel trägt zu einer vollwertigen Ernährung bei. Die DGA (Deutsche Gesellschaft für Ernährung e. V.) empfiehlt, täglich mindestens 30 Gramm an Ballaststoffen aus Vollkornprodukten, Gemüse, Hülsenfrüchten und Obst zu sich zu nehmen.

Das ist in dunklem Brot vorhanden, aber nicht in Weißbrot. Die Sortenvielfalt in Bayern zeigt sich durch mehr als 300 Brotsorten weltweit einzigartig. Schwarz-, Vollkorn-, Mehrkorn- sowie Roggenmischbrote zählen zu den typisch regionalen Brotsorten und liegen in der Beliebtheitsskala des Landes ganz oben.

Durchschnittlich isst jeder Mann 158 g und Frauen 111 g Brot am Tag. Eventuell kommt das Gerücht, dass Brot dick macht vom hohen Kohlenhydratanteil. Auch die neu in der Gesellschaft bekannt gewordene Zöliakie (Glutenunverträglichkeit) bringt unseren Umgang mit Brot etwas durcheinander.

In der Geschichte leiden wir häufig an Naivität. So entstand eine feinere und elegantere Version des Brotes in Frankreich. Diese wurde für den Adel vorbestimmt. Jedoch diese gehobene neue Kreation hat sehr wenig Nährwerte und ist sogar schädlich für den Darm. Weißbrot ist grundsätzlich ärmer an Vitaminen und Mineralien als Vollkornbrot.

Da sie mehr Stärke haben, sind diese für Diabetiker ungeeignet und ja, sie unterstützen das Zunehmen. Industriell hergestelltes Weißbrot enthält oft chemische Zusätze wie Bleichmitteln oder Emulgatoren, welche Farbe, Konsistenz und Haltbarkeit optimieren sollen.

Diese Zusätze belasten den Stoffwechsel und können langfristig zu gesundheitlichen Problemen führen.

Die meisten Quellen, denen ich mich bedient habe, sind sich da einig und ich halte mich sehr an diese Richtlinien, da ich selbst seit über zwanzig Jahren Diabetiker bin.

Die beste Anleitung findet man dort, wo man Gleichgesinnte findet. Daher sollten Vegetarier Rezepte suchen, die den Mangel an Protein abdecken.

Ob mit Roggen, Weizen, Sauerteig oder Mischbrot: Die Vielfalt ist in Deutschland groß. Die Brotarten in Bayern sind aber etwas Besonderes.

Nachdem die Menschen vor über 10.000 Jahren Getreide als Nahrungsmittel entdeckt hatten, bereiteten sie es zuerst als Brei oder Suppe zu. Bier wird meiner Ansicht nach später entstehen, aber meiner Annahme nach, kam zuerst das Brot.

Alkohol ist bei der Herstellung weit komplizierter als das Brotbacken. Wir verdanken den Völkern der Antike, ob Ägypter, Sumerer, Mesopotamier, die Brotherstellung. Aber Körner mit Wasser zu mischen, damit sie weicher werden, können die meisten Tiere auch. Raben, Eichhörnchen oder sogar Hunde machen das. Mein Gartenrabe, die Olga, tut das auch.

In seiner heutigen Form gibt es Brot seit circa 2.000 Jahren. Die alten Römer haben die Mühle und auch die Knetmaschine erfunden, das steigerte die Anzahl der Brotsorten blitzartig. Die Grundlage für fast jedes Brot ist immer das Gleiche. Die unterschiedlichen Brotarten entstehen durch eine individuelle Mischung von verschiedenen Mehlen, Getreidesorten und Triebmitteln, Fett, Zucker, Früchte oder Körner, für unsere Kreativität ist kaum eine Grenze gesetzt. Nicht außer Acht zu lassen, sind die einfallsreichen Formen, Größen und Schmuck gerade in Bayern, was uns über dreitausend Brote beschert. Fast 50 Prozent der bayerischen Brotarten werden frei gebacken und haben am Ende der Herstellung eine charakteristische runde Form, Leib wird es genannt. Der Herstellungsprozess klar beeinflusst, welches Brot am Ende aus dem Ofen kommt.

Von seiner Bedeutung für die Menschheit hat diese Backware im Laufe der Geschichte nichts verloren. An Ostern vertreibt das Gründonnerstagsbrot mit dem Osterfladen unheilvolle Geister. Der Volksmund sagt: Man verdient sein Brot oder isst Abendbrot. In Bayern heißt es statt „Imbiss" bedeutungsschwanger „Brotzeit". Jede Region hat außerdem ihr Vorzeigebrot. Die Bayern sind stolz auf ihre „Brezn", die der Rest der Deutschen „Brezeln" nennt. Traditionell isst man sie entweder mit einer Weißwurst oder einem Obazden (Streichkäse). Für eine Wiener bietet sich eher die Kante Schwarzbrot an.

Je nachdem, ob man sich für den Besuch einer traditionellen Backstube entscheidet, oder sich in eine moderne Bäckerei verirrt, Brezn muss man immer in einer Bierverkostung dabeihaben. Moderne Bäckereien haben da ihren eigenen Charme, aber sie sind gewiss nicht meiner Wahl. Im München bieten einige Kollegen Semmeln zur Bierverkostung an. Ich bin aber kein Freund von Weißbrot. Mir reicht das Weißmehl von der Brezn.

Zum Oktoberfest haben wir sogar ein Riesenexemplar der Brezen, die Wiesnbrezen. Aber wer inzwischen mal eine genießen möchte, holt sie sich beim Bäcker oder in verschiedenen Restaurants. Die Brezn gibt es in Bayern salzig, beim Nachbarn in Salzburg, in verschiedenen befremdlichen süßen Varianten, die wir mit gehobenen Augenbrauen anschauen, aber essen tun wir sie trotzdem. Marzipan, Zuckerguss, Mozartkugel, Speckig oder Vanille sind einige Varianten, die wir in Bayern an der Gottseligkeit des Brotes anzweifeln. Ich empfehle meinen Gästen, das grobe Salz abzukratzen. Angesichts der koronaren Belastungen und sonstigen Begleiterscheinungen, die mit Salz verbunden sind, kein Luxus.

Der Name der Breze stammt aus dem lateinischen „Brachium", das übersetzt „Arm" bedeutet und ist daher eine Anlehnung an die verschränkten Arme beim Beten.

Unsere Besucher stolpern über den Begriff „Pfisterbrot". Das Brot stammt aus der Münchner Hofpfisterei von Ludwig Stocker, wie die Bäckereikette genannt wird, sie wurde im Jahr 1331 gegründet.

Sie beliefert nicht nur die Hauptstadt und das Umland, sondern auch viele benachbarte Orte in der Region. Mit Abstand am beliebtesten sind bei den Bayern Roggenmischbrote. Gefolgt von Weizenmischbroten und allgemein Vollkornbroten. Haferbrot sucht man im Freistaat Bayern vergeblich, es sei denn, Sie haben so einen Ortskundigen wie mich dabei. Für meine Bierverkostungen bevorzuge ich die bayerische Platte.

Einfach das Beste aus dem Haus in einen Korb einpacken und im Biergarten oder Veranstaltungsraum auftischen. Klar, für Veranstaltungen ist alles schön dekoriert, aber das gleiche Prinzip.

Im Biergarten brauchen wir aber mehr als nur Kartoffelsalat. Etwa Hähnchen oder Bratwürste vom Grill. Ich bringe meistens mein gegrilltes Gemüse mit, was einige Menschen zum Schmunzeln bringt.

Karotten lasse ich in der Mikrowelle 7 Minuten garen und mit etwas Gewürzen und meiner Kräutermischung bestreut, sind sie immer ein Hit.

Radi, Radieschen, Meerrettich und eingelegte Gurken, damit man etwas Gesundes hat und dann klar muss man etwas aufpeppen mit Obazdem.

Überall in Bayern fahren wir gerne Fahrrad, nicht nur der Umwelt zuliebe, sondern weil wir wirklich die Natur genießen. Probieren Sie mal das. So werden die Kalorien abgebaut und das Bier schmeckt noch besser.

Original Obazda zum Selbermachen

Die Zutaten im Rezept sind für 4 Bayern oder 6 unerfahrene Obazda-Esser gerechnet.

Der Obazde ist in 15 Minuten schnell zubereitet.

3 reife Camemberts à 250 Gramm.

½ Limburger (= 100 Gramm)

1 Butter ohne Salz (= 250 Gramm)

1 Schluck Bier

Rosenpaprikapulver

Je eine Prise Salz und schwarzer Pfeffer

1 mittelgroße rote Zwiebel fein gewürfelt.

Zubereitung

Butter mindestens eine halbe Stunde vor der Zubereitung, aus dem Kühlschrank nehmen.

Dann Camembert mit der Gabel zerdrücken. Butter und Limburger dazu geben und weiter zu Paste verarbeiten. Ist die Masse zu trocken, gibt man etwas Bier dazu.

Und jetza hol mal Brezn und mach ma Pause.

Bier

Wenn ich hier alle Biersorten auflisten würde, würde ich kein Ende finden. Daher konzentriere ich mich auf die Münchener Biere und einige meiner bevorzugten Hausgemachten (bekannt als Craft-Beer).

Mein Umgang mit Superlativen ist sehr moderat, weil meistens diese von den Bierindustrien durch Werbung verbreitet werden. Ich spreche nicht mehr von „die populärste", „das typische" oder „alle lieben es". Meiner Erfahrung nach sind Sätze mit solchen Prädikaten nur nachgeplapperte Konditionierungen von Großkonzernen.

Angesichts der jungen Bewegung der Mikroproduzenten ist ein gewisser Abstand zu den Monopolisten vonnöten.

Ich serviere ungern halbe oder ganze Liter Biere. Solche Mengen sind für den Hersteller gut, weil sie damit mehr verkaufen, aber sie mindern die Genussvielfalt.

Bestimmend für die Biersorte ist die Stammwürze. Diese beschreibt den Anteil aus dem Malz stammenden gelösten Inhaltsstoffen. Malzzucker, Mineralien, Vitamine und Würze sind einige davon.

Zur weiteren Klassifizierung der Biersorten gehören die verwendeten Triebmittel sowie Farbe, Geschmack und Malz Art. Die Großproduzenten nutzen obergärige und untergärige Hefe in ihrer Brauweise. Die Mikroproduzenten wenden Mischungen davon und andere spezielle Varianten an.

Im antiken Ägypten war das Bierbrauen ein Staatsmonopol. Ups, ja, das Hofbräuhaus gehört ebenfalls dem Staat Bayern und so gründet es auf eine uralte Tradition. Verschiedene Tontafeln dokumentieren die Verteilung vom Bier in der Gesellschaft, vom Pharao bis zu dem niedrigsten Bauarbeiter. Ich benutze absichtlich nicht das Wort Sklave, erstens, weil es damals keine solchen gab, und zweitens, kannten die antiken Ägypter kaum Westeuropa. Grabbeigaben belegen ebenfalls die Hingabe und das Ansehen des Produktes. Stellen Sie sich mal vor, nach Millionen Jahren zu erwachen, und sein Bier aus den Amphoren neben dem eigenen Sarg zu trinken ... Na ja, ... es gibt etwas Frischeres hier.

Wie man in Griechenland und Italien merkt, Bier ist in diesen Gebieten weniger populär als in Deutschland und den nordischen Ländern.

Das ergab sich durch die Propaganda der Römer. Sie hielten Bier als ein Getränk der Barbaren. Unglücklicherweise ist es so geblieben und heute erfreuen sich Hooligans und andere Personen, die man eher nicht zu sich nach Hause einladen würde als typische Bierkonsumenten.

Oder kennt jemand ein Fußballspiel, wo man Wein und Sekt serviert?

Bier und das Land entwickeln sich seit der früheren Antike zusammen. Der altbabylonische König Hammurapi (1792 – 1750 v. Chr.) legte Regelungen zum Schutz der Bierkonsumenten fest. Die Wirtin wird für Ausschank von Bier in Gerste bezahlt, sollte sie so teuer sein, dass sie dafür Silber nahm (zu teures Bier), wurde sie ertränkt. Hat eine Priesterin ein Wirtshaus besucht oder eröffnet, wäre sie verbrannt worden und Bierpanschern wurden in ihrem Gebräu ertränkt. Würde der König unser Oktoberfest mal besuchen, wäre ich gerne dabei. Das Gebräu ist teuer, die Priester führen die meisten Wirtshäuser, aber über die Qualität des Getränkes kann man sich kaum beklagen.

Auf der Suche nach dem Ursprung des bayerischen Bieres kam ich auf höchst fesselndes Material in Niedersachsen. Dort liegt die Stadt Einbeck. Es ist kein Geheimnis, dass die Bayern lieber hätten, es wäre hier im Lande erfunden, aber der Herrgott wollte den Auswärtigen mal etwas gönnen. Friedrich Barbarossa, dem wir München verdanken, hat entweder Markt Einböck gegründet oder lediglich namentlich als Erster in einem Dokument erwähnt. Gleiches tat er mit unserer Hauptstadt. In dem so heute genannten Einbeck war das Bierbrauen Teil der Gesellschaft und es gibt sogar Erwähnungen, die belegen, dass dort Bier im 14. Jahrhundert gebraut wurde. Den Erzählungen zufolge wurde im Jahr 1614 unter Kurfürst Maximilian I. der Braumeister Elias Pichler, aus Einbeck, als Nachfolger von Heimeran Pongratz in das Hofbräuhaus eingestellt. Pichler veränderte das Bier in erfolgreicher Form, unter anderem eine bemerkenswerte Leistung in der Biergeschichte. Ob es sich wahrlich so abgespielt hat, wird von einige Experten angezweifelt und von anderen bestätigt. In jedem Fall, wissen wir, dass das Einbecker Bier zu teuer war, um dieses zu importieren. Darum war es eine konsequente Entscheidung von einem der besten Herzöge, die wir gehabt haben, es hier direkt zu brauen.

Aber etwas aus unseren verschiedenen Verordnungen für die Verteilung von Bier und Wein möchte ich noch erwähnen, weil man sieht, dass Frauen grundsätzlich benachteiligt waren. Im Jahr 817 auf dem Konzil von Aachen hielten die Herrschaften fest, dass je nach Ort, für die Chorherren entscheidend mehr Bier zugestanden wurde als für die Nonnen. Aus dem Gesetz liest man indirekt ab, wie viel Bier und Wein in den Klöstern getrunken wurde.

Kein Wunder, dass so viele berichten, dem Heiligen Geist mehrfach begegnet zu sein. Zugegeben waren die damaligen Biere weit milder an Alkoholgehalt als die Heutige. Für die höher gestellten gab es würzigeres Gebräu, für Novizen nur das Conventus einer Art milderes Bier.

Wenn man von der Bierausgabe an Minderjährige in früheren Generationen spricht, sollte man dabei bedenken, dass das damalige Bier nur wenige Prozent an Alkohol besaß und ein Maß für die ganze Familie ausreichte. Unser überdrüssiger Konsum an Bier, der von Marketingagenturen als maskulin, cool und normal angepriesen wird, ist meiner Ansicht nach, ein Verbrechen gegen die Gesellschaft. Diabetes, Fettsucht und Glutonie sind Krankheiten, die durch Strategien der Produzenten entstehen und den Verstand der Konsumenten vernebeln, die leider wie Schafe (oder Ziegen, sorry Heidrun) kaum merken, wie sie manipuliert werden. In meiner Arbeit als Sommelier muss ich auch einen klaren Blick bewahren, ob ein Bier in den richtigen Maßen serviert wird. Ein Bier mit hohem Alkoholprozent würde ich niemals in großen Mengen anbieten. Auch der Genuss muss intelligent sein. Essen und Trinken ist schön, aber was zu viel ist, ist ja nun mal zu viel. Bier kann aus fast allen Körnern und Kräutern produziert werden. In meiner Selektion für eine bayerische Verkostung habe ich die lokal Populärsten, welche weltweit gefunden werden können, ausgesucht.

Aber etwas muss noch angesprochen werden, und zwar unser Reinheitsgebot.

Reinheitsgebot

„Wie das pier summer un winter auf dem Land sol geschenckt und prauen werden."

Um den Spruch verstehen zu können, muss ich auf ein Kapitel der Biergeschichte zurückgreifen, der Vielen, mindestens in Deutschland, bekannt ist.

Wilhelm IV. von Bayern und sein Bruder Ludwig X. regierten gemeinsam das Land am Anfang des XVI. Jahrhunderts. Auf dem Ständetag in Ingolstadt am 23. April 1516 erließen die beiden Herren eine Verordnung zum Reinheitsgebot des Bieres.

Ach was? Ich möchte keine Gerüchte verbreiten, aber zufällig kam München im selben Jahr zu Geld und konnte die Kuppel der Frauenkirche kaufen und bezahlen.

Das Braugetränk oblag von da an einer engen Vorschrift, wonach es dann nur aus Gerstenmalz, Wasser und Hopfen gebraut werden durfte. Hefe kommt später zum Tragen. Festlegungen und Superlative in historischen Abhandlungen regen stets meine Aufmerksamkeit an. Darum bediene ich mich aus verschiedenen Quellen, um zu verstehen, warum der Erlass notwendig war. Fehldeutungen in der Geschichtsforschung gab es bisher mehr als genug.

Durch die organisierten Methoden der Klöster, haben sie bessere Biere produziert, als in privaten Haushalten und klar, eine größere Menge, durch die sie zu einer Zusatzeinnahme kamen.

Politische, religiöse oder persönliche Deutungen überschatten stets die Wahrheit und meiner Ansicht nach, ist es hier ebenfalls der Fall.

Kümmerten sich die Regenten um das Wohlbefinden des Volkes?

Sogar wenn man mir Zynismus vorwerfen würde, ich glaube kaum, dass Herrscher sich je um die Nation scherten. Worum ging es dann hier wirklich?

Ein Spruch in der Volksgeschichte wurde sogar durch Dichtungen und Musik bekannt:

„Weizen fürs Brot, Gerste fürs Bier, Hafer für die Pferde"

Aber Weißbier war besonders für Kurfürst Maximilian I im XVII. Jahrhundert als Einnahmequelle wichtig. So vertiefte ich meine Recherchen. Der Wittelsbacher schützte sich das exklusive Recht auf das Brauen mit Weizen. Dadurch wurden die Wittelsbacher zu Monopolisten des Weizenbieres. Kurz vor dem Dreißigjährigen Krieg erwarb Kurfürst Maximilian I. auch einen Brauer aus Einbeck für das Hofbräu. Das seinen Geschäftssinn mit Bier bestens dokumentiert.

Regenten bedienen sich vom Bierpfennig in verschiedenen Kapiteln der Geschichte. Diese Finanzressource half, Brücken zu bauen, Armeen zu unterhalten oder die Kassen nach dem Krieg zu füllen. Eine Kontrolle über die Zutaten des Bieres kam immer wieder in Dekreten und Erlassen vor.

Neben Königen, Imperatoren und sonstigen Herrschern standen andere mit dem offenen Hut an und warteten aufs Geld. Zu den einflussreichsten Monopolisten in der Bierwelt zählen wir die Kirche.

Die meisten der großen Bierhersteller finden ihre Wurzel in den Klöstern oder Bruderschaften. Von den derzeit zwei von sechs Brauereien auf dem Oktoberfest haben Augustiner und Paulaner einen solchen kirchlichen Hintergrund.

Wenn man davon ausgeht, dass Bierbrauen problemlos von zu Hause durchgeführt werden kann und dieses Heimbier keine Steuer brächte, dann haben wir hier den ersten Interessenkonflikt. Einige der Quellen in meiner Recherche legten einen hochinteressanten Zusammenhang dar. Die Hexenverfolgung und das Biermonopol.

Von Urzeiten ist es bekannt, dass Frauen sich mehr um medizinisches Wissen und Religion als Männer gekümmert haben. Aus Überlieferungen ist es ebenfalls dokumentiert, dass sie verschiedene Zusatzkräuter beim Bierbrauen anwandten. Sumpfporst und Gagel sind nur zwei davon. Dieser Hintergrund brachte sogar Hildegard von Bingen dazu, im XII. Jahrhundert, Hopfen zu entdecken, welcher heutzutage nicht mehr wegzudenken ist.

Vertreter des Reinheitsgebots verharren in einer unnötigen Treue zu den mittelalterlichen Herrschern und behaupten, dass die Kirche keinen Einfluss auf diesen Erlass hatte. Ich bin überzeugt, dass die katholische Erziehung der beiden Herzöge und deren Weltanschauung schon eine Mitwirkung in der Entscheidung hatte.

München hat in ihrer Geschichte sogar über siebzig Brauereien gehabt. Im Vergleich zu den traurigen sechs, die wir hier momentan zählen, ein großer Verlust für die

Vielfalt und Braukultur. Von den übriggebliebenen sind bereits drei in den Händen von internationalen Konzernen, was fast die Apokalypse der Bierkultur ankündigt.

Der Industrialisierungsprozess hat den guten Qualitätsinhalt der Biere der Quantität geopfert. Vitamin B-Komplex, Mikroorganismen und Inhaltsstoffe der Bierhefe sind einige der positiven Elemente, die reduziert oder gar ganz herausfiltriert wurden, um einen gleichmäßigen Geschmack zu erlauben.

Mit der neuen Bewegung des Craft-Beers greifen viele junge Brauer/innen zu alten Rezepten oder alternativen Zutaten. Sie suchen die Perfektion in der Braukunst und nicht im Reinheitsgebot und holen die verlorenen Elemente wieder in das Produkt hinein.

Momentan leiden solche Biere zum Teil unter extremen Hopfenaromas, die alles andere übertönen. Aber diese Welle wird bald abflachen und sonstige Optionen werden entstehen.

Ich persönlich bin gegen das Reinheitsgebot aus Prinzip. Es schränkt die Kreativität ein und bietet keine besonderen Vorteile für das Produkt. Bedenken wir, dass wenn Hildegard von Bingen Hopfen als Zusatzzutat nicht entdeckt hätte, müssten wir mit einem ziemlich lauen Gesöff das Oktoberfest feiern. Sofern man als Regel die Reinheit des Produktes, ohne Chemikalien, Aromastoffe, Konservierungsmittel oder Geschmacksverstärker sieht, bin ich voll dabei, aber genau diese Mittel waren nicht Gegenstand der ursprünglichen Vorschrift. Es steht auch im Raum, ob diese Regelung nicht nur eine Vorschrift gegen die Frauen, die außerhalb der Städte ihr Bier brauten, sprach. Man darf nicht vergessen, diese Frauen zahlten kaum oder gar keine Steuer und standen auch nicht unter der Aufsicht der Kirchen und des Staates. Daher waren sie auch ein leichtes Ziel für die Anschuldigungen der Hexerei.

Sogar wenn manche Historiker, von sich überzeugt, wiedergeben, was sie gelernt haben, ist deren Standpunkt nicht immer logisch. Denn Logik bedarf freies Denken, was nicht immer der Fall ist. Sie vertreten die Ansicht, dass es nur um Getreide fürs Brot ging.

Pils

Mit Böhmen hat Bayern hervorragende Verbindungen. Diese sehen wir stets auf unserer Flagge. Die einundzwanzig Rauten, weiß und blau, stammen nämlich aus Böhmen. Mit der Hochzeit zwischen der tschechisch-böhmischen Prinzessin (Tochter vom Herzog Friedrich von Böhmen), mit unserem Ludwig I. von Bayern, im Jahr 1204 verband die Geschichte beide Nationen. Für Ludmilla war es ihre zweite Ehe und sofern die Aufzeichnungen stimmen, war ihr erster Ehemann, Graf Adalbert III von Bogen. Um Verwechselungen zu vermeiden, sollte man berücksichtigen, dass es bereits eine andere Ludmilla von Böhmen im neunten Jahrhundert gegeben hat.

Die Rauten auf unserem Wappen kamen offiziell mit dem Tod von Ludmillas Sohn (Albert IV. von Bogen) als Erbe zu uns. Erst dann gingen die Symbole an seinen Halbbruder Otto III. von Bayern und somit auf die bayerische Flagge über. Böhmen wurde Teil des österreichisch-ungarischen Reiches und dort war lange die deutsche Sprache auch die Amtssprache.

Pilsen liegt in Böhmen (Tschechei) und Pils ist weiterhin eines der beliebtesten Biere in Deutschland. Das Pilsener, oder Pils hat je nach Ort auch eine andere Variante. Vier populäre Sorten sind bekannt: malzig mit einer Butternote ist das Böhmische, stark, hopfenaromatisch ist das Bayerische, die mildere, hopfenaromatische und schlankere Variante ist die Norddeutsche und die stark hopfige ist die Amerikanische. Diese Klassifizierung ist keine Wertung. Es existieren ja andere lokale Geschmacksnoten. Gute Rezepte finden immer Nachbesserungen oder Abänderungen. Mitte des 19. Jahrhunderts in der Stadt Plzen (Pilsen) – kreierte Joseph Groll, ein bayerischer Braumeister in der neu gebauten böhmischen Brauerei Měšťanský pivovar die neue Biersorte. Das Brauhaus, das ihn beauftragte, kämpfte um einen besseren Ruf.

Mit selbst mitgebrachter Hefe aus Bayern legte sich der junge Braumeister ins Zeug. Das Wasser aus der Umgebung von Mähren (Ost Tschechien), die lokale Gerste und der Hopfen boten gute Voraussetzungen für das neue Braugetränk. Die neue Brautechnik aus Bayern brachte den Braumeister dazu, bei niedrigen Temperaturen das Produkt herzustellen. Im Keller in Fässern gelagert, wandelte sich das mit Liebe komponierte Gebräu. Das Ergebnis war goldblond, schwefelarm, leicht zitrusartig und mild karbonisiert. Diese Merkmale überzeugten die Konsumenten im Nu.

Ihre Premiere wurde zum Martinstag im Jahr 1842 gefeiert. Getauft wurde das neue Getränk „Plzeňský Prazdroj" beziehungsweise „Pilsener Urquell".

Das Pils produziert viel Schaum und das erhöht das Fingerspitzengefühl beim Zapfen. International anerkannt und oft kopiert, wurde im Jahr 2008 in der EU beschlossen, dass tschechisches Bier unter den Status „geschützte Ursprungsbezeichnung" zu stellen ist.

Pils muss die festgelegten Anforderungen erfüllen, wie zum Beispiel die ausschließliche Verwendung ausgewählter tschechischer Gersten-Sorten.

Sonst muss der Name abgeändert werden.

Auch mehr oder weniger eine andere Art des Reinheitsgebots, aber ich betone, dass ich kein Befürworter davon bin.

Helles

Nach dem großen Erfolg der Kältemaschine von Carl Linde 1871, war der Weg zur Produktion von untergärigen Bieren das ganze Jahr über geebnet.

In Sommeliers-Kreisen werden die aus untergäriger Hefe resultierenden Getränke allgemein als weniger aromatisch klassifiziert als die obergärigen Varianten. Untergärige Hefe entfaltet sich bei vier bis neun Grad Celsius. Zu Zeiten ohne Kühlmöglichkeit konnte untergärige Hefe ausschließlich während der kalten Jahreszeit verwendet werden.

Bis dahin wurde vorwiegend das obergärige Bier gebraut. Obergärige Hefe entfaltet sich bei 12 bis 19 Grad Celsius. Das meistverbreitete Münchner Vollbier ist filtriert, goldfarben, untergärig, mit dichtem Schaum, dezenten Malz und leichtem Zitrusaroma. Mit einem Alkoholgehalt zwischen 4,6 und 5,6 Prozent ist es leicht und wie man in Bayern sagt: süffig. Wie alle nach dem Reinheitsgebot gebrauten Biere, aus Gerstenmalz.

Ein fast junges Produkt. Zum ersten Mal im Jahr 1894 gebraut von der Brauerei Spaten, wurde dieses Bier zunächst von Unsicherheit begleitet. So wurde das Getränk zuerst an den Nachbarn im Norden verkauft. Erprobt wurde Helles schließlich im ersten offiziellen Ausschank in Hamburg. Wie bei guten Produkten üblich, gibt es immer Streitereien, hinsichtlich des Urhebers, so auch beim Hellen. Einer anderen Quelle zufolge waren es die Gebrüder Ludwig und Eugen Thomass, die im Jahre 1895 einen böhmischen Pils-Urtyp herausbrachten. Das böhmische Pils war seit 1842 in Bayern auf dem Markt eingeführt und sehr beliebt. Das böhmische Pils ist die Wurzel, auf der das Helle basiert. Um Helles auf den Markt zu bringen, musste es erst gut getestet werden. Damit der Name an den biblischen Thomas angelehnt werden konnte, hat sich die Schreibweise des Thomas-Bräu mit nur einem S etabliert.

Es wird dann im Jahr 1928 in eine Interessengemeinschaft mit Paulaner zur AG Paulanerbräu, Salvator Brauerei und Thomasbräu umgeleitet. Ob Thomasbräu oder Spaten die Urheberschaft zusteht, ist fast egal, da beide Produkte nahezu parallel entstanden sind. Getestet wurde das Spaten-Helle auf jeden Fall in Hamburg.

Alle bayerischen Biere mit einem Stammwürzegehalt von 11 bis unter 16 Prozent gehören zur Gattung der hellen Vollbiere oder Lagerbiere, Helles ist eines davon. Klar gefiltert im Fass oder in der Flasche gereift. Durch die Filterung spricht man unter Sommeliers vom Blanken-Bier, was ich persönlich nicht für die beste Bierempfehlung halte. Sicher sind sie sehr süffig und populär, aber ich bevorzuge die trüben Varianten, weil diese sättigender wirken.

Die heutige Marktpräsenz des Hellen ist unübersehbar. Auf dem Oktoberfest ist es kaum noch möglich, etwas anderes zu bestellen. Augenrollen und originelle Beschimpfungen folgen einer Bestellung von sonstigen Biersorten oder gar Wasser. In München gilt der Augustiner Edelstoff als der Beste aller Hellen, aber das ist nur eine von derzeit sieben Münchener Stammbrauereien. Das Hofbräu ist sehr populär und Löwenbräu mit seinen Biergärten müssen auch erwähnt werden. Ich bin gerne eklektisch. Unser Küken ist das Giesinger-Bräu, das zur Vielfalt beiträgt.

Helles Bier harmoniert perfekt mit Apfelsaft, Naturlimonade oder Ananassaft. Ich mische meistens im Verhältnis ein Drittel, zu zwei Dritteln. Vorzugsweise nicht kälter als 8 Grad Celsius in breiten Gläsern, damit eine gute Atmung des Getränkes erlaubt wird. Als ganz besonderen Hit siede ich Lavendel oder Rosmarin. Das Ergebnis mische ich mit Zitronensaft und kohlensäurehaltigem Wasser, mit etwas Honig gesüßt hat noch jeder das Ergebnis gelobt. Wichtig in solchen Mischungen ist es Zucker zu vermeiden.

Dunkles

Ganz ursprünglich galt das dunkle Bier bis zum Ende des 19. Jahrhunderts, als das bayerische Standard-Gebräu. Um es vom Weißbier unterscheiden zu können (dunkles Weißbier), wurde dieses Rotbier genannt. Es hat einen

Alkoholgehalt von 4,5 bis sechs Prozent, eine Stammwürze von elf bis 13 Prozent und ist untergärig. Dunkles Bier zu brauen verlangt eine anspruchsvollere Verarbeitung als die meisten anderen Sorten.

Röstmalz ist für die Farbe verantwortlich. Wie in allen dunklen Biersorten ist die Röstung und Mischung von Farbmalzen erforderlich. Dabei entsteht ein kratziger Beigeschmack. Die Herausforderung der Bierbrauer ist, diesen Geschmack so zu mildern, dass das Bier angenehmer wirkt.

Als Herausforderung der Braumeister muss die Schaumkrone trotz der dunklen Farbe des Bieres hell ausfallen.

Ich meide zu starke Schaumkronen an meinen Bieren. Erstens ist das ein Hindernis für das Atmen des Getränkes und ob es so schön ist, wie die Werbung propagiert, darüber lässt sich lange diskutieren. Im Vergleich zum Hellen, sind Mischungen für dunkles Bier etwas schwieriger, da das Bier einen stärkeren Körper hat. Mischungen können das zu sehr übertönen. Generell mische ich so viel Zusatzlimos, Tees oder andere alkoholfreie Komponenten an das Bier, bis der Alkohol unter drei Prozent liegt. Auch in der alkoholfreien Version, sind Biere schmackhaft, aber ganz ehrlich, weit nicht so süffig wie die alkoholischen Versionen. Dunkles sollte herb und aromatisch sein, aber in der Welt der Craftbiere habe ich viele kennengelernt, die fast über das Ziel hinausgeschossen sind. Schokolade, Karamell und Kirsch sind populäre Aromen, interessant, aber auch zu verführerisch für den Alkoholkonsum.

In der Regel sollte ein Mann nicht mehr als 0,5 Liter pro Woche konsumieren und Frauen leider noch weniger. Das empfehlen Nutritionisten und Ärzte. Wer täglich seine Halbe trinkt, sollte unbedingt seine Leber überprüfen lassen.

In meinen Verkostungen biete ich dunkles Bier, meistens mit Johannisbeersaft oder Schorle an. Ich meide die fertigen Schorlen, da diese meistens zu viel weißen Zucker enthalten und Chemikalien, die ich nicht gerne in meinem Körper haben möchte. Aber ein Bier hat so viel Kalorien wie sonstige Limos, daher ist eine Mischung ebenso schädlich, wie ein Bier pur, nur mit weniger Alkohol, was wenigstens diese Gefahr reduziert.

Andere Optionen für eine gesunde Mischung mit dunklem Bier sind nach meinen Untersuchungen Kirschschorlen, Holunderschorlen und Schwarzer-Tee mit Honig. Es ist mir bewusst, dass der normale Verbraucher, der über fünfzig Jahre konditioniert wurde, nur Bier pur zu trinken, bei der Vorstellung, einige Mischungen zu probieren, sich schüttelt, aber ich sage immer: Wer isst schon Brot ohne Belag? Bier ist nur flüssiges Brot.

Hinsichtlich der Menge empfehle ich nicht mehr als 0,2 Liter zu servieren. Sicher, einige Onkel werden jaulen, weil sie einen ganzen Liter saufen wollen, aber eine Bierprobe sollte auf den Genuss zielen und nicht auf die Menge.

Zu Weihnachten verwende ich als Zutaten für mein Rezept für warme Bieren, einige süße dunkle Zutaten. Das kann ich nur empfehlen.

Weißbier

Weizenbier, auch bekannt als Weißbier, ist eine der ersten Biersorten, die bereits weit in der Vergangenheit existiert haben.

Der Name bringt den interessierten Genießer dazu zu fragen, wieso die Farbe des Bieres alles andere als weiß ist. Das liegt rein an den Mundarten, die von den schwer aussprechbaren Weizen Weiß abgeleitet haben. Leicht zu verstehen, für alle, die schon lang lebt und die Dialekte alle gehört hat. Bayern und die Weißbierkultur sind untrennbar. Es wird in den ländlichen Biergärten der Alpen ebenso genossen wie in den belebten Brauhäusern Münchens.

Herzog Wilhelm IV. bewilligte im XVI-Jahrhundert der Herzogsfamilie Degenberg die Nutzung von Weizenmalz für das Bierbrauen. Weizen war der Herstellung von Broten vorbehalten. Das Reinheitsgebot gestattete ausschließlich die Verwendung von Gerstenmalz für das Brauen von Bieren.

Die Familie, die bis zum Jahr 1602 existierte, zahlte beträchtliche Summen für diesen Vorzug. Nach dem Aussterben der Degenbergs übernahmen die bayerischen Herzöge dieses Privileg und vermarkteten das Bier sehr erfolgreich.

Es ist das Getränk der Wahl bei Volksfesten und ein unverzichtbarer Bestandteil lokaler Gemütlichkeit.

Das Malz und der Brauprozess unterscheiden sich von anderen Biersorten. Es besteht zu mindestens 50 Prozent aus Weizenmalz, das ihm seinen charakteristischen Geschmack verleiht. Das Malz wird zuerst in Wasser eingeweicht, um den Zucker freizusetzen. Dieses Zuckerwasser wird gekocht. Um dem Gebräu Bitterkeit und Konservierungseigenschaften zu verleihen, wird schließlich noch Hopfen beigefügt.

Nach dem Kochen wird die Mischung gekühlt und Hefe hinzugefügt. Die hier verwendete Bierhefe ist eine spezielle Weizenbierhefe, die für die typische leicht bananen- oder nelkenartige Würze verantwortlich ist. Sie wandelt den Zucker in Alkohol und Kohlendioxid um. Bei einigen Exemplaren zähle ich Lebkuchen und Ingwer zu der Note dazu.

Der Brauprozess selbst folgt den traditionellen Braumethoden, wobei das Getränk oft in Flaschen gärt, was als "Flaschengärung" bezeichnet wird. Bei Weizenbier bleibt oft ein Teil der Hefe im Bier, was zu seinem trüben Aussehen beiträgt.

Obwohl das Gebräu in ganz Bayern getrunken wird, gibt es einige Orte, die herausragen. Die älteste noch produzierende Weißbierbrauerei der Welt ist die Bayerische Staatsbrauerei Weihenstephan in Freising. München, mit seiner reichen Bierkultur und den zahlreichen Brauereien und Bierhallen, ist ein weiterer wichtiger Ort für Weizenbier, insbesondere das Schneider-Weißes-Brauhaus.

Die Art und Weise, wie man es serviert, unterscheidet sich von anderen Biersorten. Es wird traditionell in speziellen, hohen und schlanken Weißbiertulpen dargereicht. Diese Gläser sind so gestaltet, dass sie die Schaumkrone und seine leuchtende Farbe hervorheben. Zudem ist es üblich, langsam zu gießen und am Ende den

Rest in der Flasche zu schwenken, um die Hefe aufzuwirbeln und sie dann einzugießen. Diese verstärken den Geschmack und die Trübung des Biers. Ich muss zugeben, dass ich meistens das überspringe in Bierverkostungen.

Trotz der bayerischen Tradition, weltweit freuen sich Fans auf dieses Getränk. Seine optischen Merkmale und der Geschmack heben es zu einem Favoriten unter Bierliebhabern. Egal, wie weit es gereist ist: Weizenbier bleibt ein Stück unserer Kultur - Geschichte, Tradition und bayerische Lebensart in einem Glas.

Kellerbier

Der Name leitet sich von den ursprünglichen Reifungsfässern ab, die in den kühlen Braukellern aufbewahrt werden. Meistens wurde das Bier direkt vom Fass serviert. Ausschließlich für den Transport wurde es in Flaschen, wahlweise in kleine Bottiche, abgefüllt.

In Bayern auch Zwickelbier oder Zoigl genannt. Anfänglich war die Probe gemeint, die der Braumeister vor dem Filtern vom Gärbottich entnimmt. Das Abzapfen dieser Kontrolle mit dem Zwickelhahn wird dann „Zwickeln" genannt. Zwickelbiere sind sprudelnder als ursprüngliche Kellerbiere. Außerdem sind sie viskosehaltiger, da ihre Gärungsfässer vor dem Ende der Fermentation gespundet haben. Das ermöglicht dem Bier genug Kohlenstoffdioxid zu haben und schafft einen eleganten schaumigen Kopf. Bitte vor dem Trinken das Bier ausreichend atmen lassen.

Der Name Zoigl bedeutet in der fränkischen Volkssprache „Zeichen". In den klassischen

Hausbrautraditionen war ein Zoigl ein weißer Stern mit sechs Zacken aus zwei Dreiecken. Im Inneren des Gebildes war ein Bierkrug oder ein Tannenzweig. Wenn ein solches Zeichen vor der Türe eines Landwirtes hing, galt dies wie eine Einladung an alle Nachbarn auf ein Glas Bier (und bitte bezahlen). Jedes Dreieck hatte eine eigene Bedeutung. Das eine stand für die drei Elemente Feuer, Wasser und Luft und das Zweite für die Zutaten Malz, Hopfen und Brauwasser.

Vollmundiger durch die Hefe- und Eiweißstoffe Präsenz, mit akzentuiertem Hopfengeschmack und niedrigem Kohlensäuregehalt. Der Geschmack eines nicht gespundeten Bieres ist bei dieser Bierart leicht zu erkennen.

Dieses Gebräu weist einen geringeren Bierschaum auf. Persönlich lasse ich gerne den Schaum ganz heruntersinken, bevor ich trinke. Eine Serviertemperatur kann je nach Hersteller variieren, aber ich serviere meistens bei 12 Grad Celsius.

Die Farbe des Kellerbieres reicht von tiefem Gelb bis zu leicht rötlich. Das kommt auf die Menge des hinzugefügten karamellisierten Malzes an. Der Alkoholgehalt beträgt etwa 4,5 bis fünf Prozent. Der Bittergeschmack liegt bei 18-25 Einheiten und die Stammwürze zwischen elf bis 13 Prozent.

In meinen Bierproben experimentiere ich gerne mit Zusätzen, wie Apfelsaft, Birnensaft oder Holunderschorlen. Eine sehr originelle Alternative zum Radler, mit der sich besser der Durst löschen lässt. Bei der Auswahl der Säfte achte ich gerne auf die Zuckermenge.

Lieber etwas mehr für gute natürliche Säfte bezahlen, als eine Überzuckerung riskieren.

Als Getränk zum Hauptgericht ist das Kellerbier sehr geeignet. Obwohl ich Vegetarier bin, habe ich viele meiner nicht vegetarischen Gäste nach dem Empfinden über die von mir empfohlenen Speisekombination befragt und kann bestätigen, dass es zum Fleisch oder gewürzten Speisen hervorragend harmoniert. Mit Gemüsesuppen und sogar kräftigem Gulasch habe ich nur positive Rückmeldungen bisher bekommen.

Im Biergarten ziehe ich dieses Bier vor. Da die meisten Biergärten das jedoch nicht anbieten, gehe ich den nostalgischen Weg und setze mich mit meinen Gästen an den Rand der Isar und wir machen ein Picknick mit Kellerbier in Flaschen.

Obazda und dunkles Brot sind gute Begleiter, obwohl ich zu einer Käseplatte andere Biere als das Dunkle bevorzuge. Abschließend, sollte man sich die Alkoholmenge merken, weil gerade so gut schmeckende Biere sehr verführerisch sind.

Bock und Doppelbock

Entstanden in der ehemaligen Hansestadt Einbeck in Niedersachsen, gibt es diese Biersorten in Hell oder Dunkel. Sie zählen zu den Starkbieren und sogar zum Weizenbier. Ober-, untergärige (auch gemischte) Biere, deren Stammwürzegehalt über 16 Grad Plato liegt und der Alkoholgehalt ab 6,5 Prozent.

In einige Referenzen wird das Braurecht mit der Vergabe des Stadtrechtes 1240, durch die Söhne Heinrichs des Löwen für die Bürger verbunden. Bei meinen

Recherchen bin ich auf keine Kinder dieses Herzogs gestoßen, aber wer weiß es schon. Das erste Dokument, das den Bierhandel von Einbeck dokumentiert, ist vom Jahr 1351, als die Stadt Hamburg zwei Pfund Geldes für ein Fass Bier zahlte.

Bockbiere waren lang haltbar, was sie zu damaliger Zeit begehrenswerter machte. Sprachlich in Bayern, kann man sich vorstellen, dass der Dialekt mit „Eine Einbecker" zu kämpfen hatte, was später zu „Ein Pöck" führte und schließlich einfach zu Bockbier. Das Wort Starkbier ist wesentlich jünger, es kam erst im 20. Jahrhundert auf.

Das im Mittelalter gebraute obergärige Bier galt als Luxusware und wurde über weite Strecken, bis nach Italien, exportiert. Um die dafür nötige Haltbarkeit zu erreichen, braute man Bier mit gehörigem Alkoholgehalt. Dazu maischte man es mit einem ungewöhnlich hohen Stammwürzegehalt ein. Das vergorene Resultat war ein schweres, alkoholreiches Bier.

Der herzogliche Hof der Wittelsbacher in München ließ sich seit 1555 aus Einbeck beliefern, bis man 1573 das erste bayerische Hofbräuhaus zunächst auf der Landshuter Burg Trausnitz gründete und 1589 nach München verlegte. Ziel war es, hier den Gerstensaft selber zu brauen. 1614 wurde der Braumeister Elias Pichler von Einbeck an das Hofbräu abgeworben, der fortan sein Ainpöckisch-Bier in der Hauptstadt braute.

Bockbiere sind schwieriger mit Speisen zu kombinieren, da sie meistens dominanter im Geschmack sind. Ich empfehle daher eine geringere Menge zu servieren. Wirklich nur als Begleitung, weil solche Biere zu stark sind. Wer wirklich saufen will, sollte auch nicht in Gesellschaft sein. Daher serviere ich für meine Empfänge meistens nur 0,2 Liter, in der Regel gemischt mit Brombeer-, Johannisbeere oder Kirschsaft in einer Proportion von maximal ein Viertel Saft zu drei Viertel Bier in passenden breiten Gläsern.

Bockbiere sind optimal zum Abschluss eines Abends oder zur Käseplatte danach. Selbstverständlich, die Hersteller mögen nicht hören, dass man Säfte in deren Biere mischt, aber bei dem Alkoholgehalt, sollte man wirklich moderat damit umgehen.

Sie eignen sich auch zum Kochen von Soßen und als Weihnachtsbiergetränke. Krustenschweinsoße ist eine der berühmtesten Soßen in der Region. Weiterhin sind geschmorte Bratwurst oder Rindergulasch darin gekocht der absolute Hit.

Bockbier ist auch eine perfekte Zutat für das Brotbacken. Ein Brot, das ich mit Dinkel und Roggen sehr gerne backe, enthält auch Doppelbock. Der Teig entwickelt sich mit Bier viel besser und auch der Geschmack wird intensiver.

Starkbier

Bier gibt es in den unterschiedlichsten Ausführungen, Aromen und Farben. So ist es nicht verwunderlich, dass man bisweilen den Begriff Starkbier hört. Dabei handelt es sich nicht um einen Stil, sondern um eine Biergattung. So gehören alle Biere, die einen Stammwürzegehalt von mindestens 16 Prozent haben, zu dieser Gattung. Klar, die Bockbiere sind hier auch enthalten, aber ich wollte insbesondere diesen Zweig hervorheben.

Starkbiere und Bockbiere wurden nicht nur zu Osterzeiten, als das Fasten ziemlich streng war, sondern auch zu Weihnachtszeiten, wenn die Kälte hereinbrach, genossen.

Diesen Index, Stammwürze, nennt man auch Grad Plato. Es wird mit einem „P" auf der Bierflasche gekennzeichnet. Dieser Wert gibt nicht nur an, um welche Biergattung es sich handelt, sondern er ist für die Biersteuer wichtig. So liegt der Regelsteuersatz bei 0,787 Euro pro Hektoliter je Grad Plato. Zudem kann ein hoher Stammwürzegehalt Aufschluss zum Alkoholgehalt geben.

Diese Biergattung hat einen Alkoholgehalt ab 6,5 Prozent Vol. Weit höher als Hefeweizenbier, welches nur einen von 5,2 Prozent Vol. aufweist oder Pils mit 5,5 Prozent Vol.

Doch wenn die meisten mit Bier das Bundesland Bayern in Verbindung bringen, kommt das Starkbier ursprünglich aus Niedersachsen. Im Mittelalter wurde es „Bock" genannt, welches von dem Ortsnamen Einbeck (damals Einböck) abgeleitet wurde. Das „Bockbier" aus dieser Stadt wurde in ganz Deutschland verkauft. Jedoch hat sich dies im Laufe der Jahre verändert, sodass Starkbiere heute meistens in Bayern getrunken und gebraut werden. So haben es im Mittelalter die Mönche hier gebraut. Es sollte vor allem den Hunger innerhalb der Fastenzeit stillen. Daher haben sie mehr Malz und Hopfen verwendet. Demzufolge wird es als Fastenbier bezeichnet. Es ist nicht verwunderlich, dass heute, immer am 19. März, dem Josefitag, das Starkbier angestochen wird. Meistens fällt dieses Datum auf die Wochen zwischen Fasching und Ostern, was gleichzeitig die Fastenzeit ist.

Die Farbe dieses Bieres ist optisch, mit seinen dunkel-bräunlichen, oder bernsteinfarbenen, bis gelblichen Tönen kaum von anderen Biersorten zu unterscheiden. Darum ist umso wichtiger den Eigengeschmack zu kennen und in Bierproben zu beschreiben in Bierproben. Durch die hohe Stammwürze ergibt sich meistens ein lieblicher und malziger Geschmack. Nicht selten stellt man eine bittere Note vor.

Aufgrund des hohen Alkoholgehalts ist es ebenso zu empfehlen, geringe Mengen dieses Biers zu servieren und zu konsumieren. Zudem ist es sinnvoll, den Magen gleichzeitig zu füllen. Das Starkbier ist zu Gegrilltem sowie zu Käse ein herausragender Begleiter.

Falls der herbe Geschmack nichts für einen ist, gibt es Möglichkeiten Starkbier mit anderen Flüssigkeiten oder Aromen zu mischen. Da dieses Bier schon einen hohen Alkoholgehalt hat, ist es zu empfehlen, mit zusätzlichen alkoholischen Getränken sparsam umzugehen. So eignet sich Cola, Sprite, Kirschsaft, milder Sekt oder Fanta bestens. Für ein süßlicheres Geschmackserlebnis ist Schokolade, Karamell oder auch Limonade ideal geeignet. In einer Bowle mit Früchten und Fruchtsirup lässt sich Starkbier genussvoll verarbeiten.

Dadurch bietet diese Biergattung eine Vielzahl von Möglichkeiten des Genießens an.

Gruitbier

Gruitbier oder Grutbier ist ein Bier, das mit Kräutern versetzt ist. Bis in die Neuzeit hinein war es in Europa die weitverbreitetste Biervariante. Die Grut, eine Kräutermischung, diente zur Würze und Gärung. Die

Bezeichnung Grutbier bezieht sich heutzutage entweder auf historische Kräuterbiere oder auf gegenwärtige Biere, die mit Kräutern versetzt sind. Sie enthielten und enthalten je nach Zusammensetzung auch Hopfen. Es gab verschiedene Grutmischungen. Typische Pflanzen für die Mischung waren beispielsweise Gagel, Porst, Lorbeer, Wacholderbeeren, Holunder oder Anis.

Gerne verwenden Liebhaber des Grutbiers den Begriff Urbier in dem Zusammenhang, da es lange vor dem Hopfenbier existierte. Bier mit Kräutern, Pflanzen und Gewürzen zu versetzen, war und ist eine Methode, die sich über die ganze Welt erstreckt. Kräuterbiere sind in Afrika und Asien ebenso überliefert wie in Europa. Im Zuge der Neuzeit setzte sich in Europa und vor allem in Deutschland das Hopfenbier gegenüber dem Grutbier durch.

Grutbier war im Mittelalter in den Niederlanden, Belgien, England, Schottland und Norddeutschland das vorherrschende Bier. Die ersten Erwähnungen von deutschem Grutbier in historischen Quellen reichen zurück ins 10. Jahrhundert. Aber auch die Germanen erwähnten schon Kräuterbiere. Historiker vermuten, dass sich Grutbier von Skandinavien aus ab dem 5. Jahrhundert nach Westeuropa verbreitete. Ich vertiefte meine Kenntnisse zu diesem Umfeld, als ich meinem Roman Markgraf Iron schrieb. Rund um die Grut entwickelte sich Handwerk und das Grutrecht. Die Sammlung, Aufbereitung und Trocknung der Kräuter waren ein eigener Handwerkszweig bei der Herstellung von Grutbier.

Die Brauer waren verpflichtet, nur die vorgegebene Grut zu kaufen und zu nutzen. Der Grutherr war für die Überwachung der Grut zuständig und vergab die Rechte ebenso wie die Grut. Mit der Zuteilung von Grutrechten und der Kontrolle von Gruthäusern entwickelte sich das Geschäft rund um Grutbier zu einem wichtigen regionalen wirtschaftlichen Faktor.

Grutbiere schmecken je nach Zusammensetzung der Grut unterschiedlich. Abhängig von den gewählten Kräutern haben sie einen bitteren, würzigen oder floralen Geschmack. Die Gärung führt zu einem leicht säuerlichen Aroma. Neben der Grut beeinflusst die Herstellung den Geschmack. Denn die Grut kam, je nach Methode, während der Würzekochung, der Gärung oder der Reifung hinzu.

Die Zusammensetzung der Kräuter war regional unterschiedlich. Daher sind neben Grutbier auch die Bezeichnungen Gagel und Porst für diese Biervariante geläufig. Dabei beziehen sie sich dann speziell auf die pflanzlichen Inhaltsstoffe. Im Vergleich zu den Grutbieren ist auf Hopfen basierendes Bier haltbarer und günstiger. Ab dem 14. Jahrhundert begannen sich Hopfenbiere in Deutschland zu verbreiten.

Die beiden Biervarianten existierten bis in die Neuzeit nebeneinander, bis das Reinheitsgebot zum Niedergang des Kräuterbiers in Deutschland führte. So gesehen, war das Gruitbier der Neandertaler. In Bayern beispielsweise waren bis dahin Grutbiere unter den Bezeichnungen Greuzenich oder Gräussing bekannt.

Mit dem deutschen Reinheitsgebot von 1516, erlassen von den bayerischen Herzögen Wilhelm IV. und Ludwig X., begann der Niedergang von Kräuterbieren. Zunächst galt die Beschränkung von Bieren auf die Brauzutaten Gerste, Hopfen und Wasser nur für das Herzogtum Bayern.

In anderen Regionen hielten sich Grutbiere länger, bis das Reinheitsgebot 1906 deutschlandweit zum Gesetz wurde. Von da an war mit Kräutern versetztes Bier aufgrund der nicht erlaubten Zutaten verboten.

In Ländern wie Belgien oder Niederlande blieb Gruitbier erhalten, verlor aber während der Neuzeit durch den Siegeszug des Hopfens an Bedeutung.

In der Gegenwart gibt es in Deutschland verschiedene Brauhäuser wie die Lahnsteiner Brauerei, die sich wieder dem Kräuterbier widmen. Die Lahnsteiner Brauerei in Rheinland-Pfalz produziert vielfältige Biervarianten, unter denen Grutbier nur eines ist.

Eine bekannte Gruthaus-Brauerei leitet Philipp Overberg in Münster. Er versucht, Traditionen wiederzubeleben und neue Grutbiere zu entwickeln. Das Dubbel Porse genannte Grutbier beruht beispielsweise auf rekonstruierten historischen Münsteraner Rezepten.

Eine der Zutaten für die Grut ist Gagel. Die Pflanze war im Mittelalter einer der verbreitetsten Bestandteile für Grutbiere. Heute steht sie in Deutschland wegen ihrer Seltenheit unter Naturschutz, sodass sie aus Schottland importiert wird.

Eine weitere bekannte Vertreterin deutscher Grutbiere ist Pia Morgenroth mit der Marke G.broi, deren Biere in Berlin und Sachsen entstehen. Bei diesen ist die Bezeichnung Kräuterbier passend, da sie Brennnessel oder Schafgarbe enthalten und auf Hopfen verzichten.

Im Gegensatz zu Deutschland hat das Grutbier als Kräuterbier in anderen Ländern nie aufgehört zu existieren. Vor allem in den Niederlanden, Belgien und den USA gibt es weiterhin Brauereien, die Grutbier produzieren.

Unter Bierliebhabern setzt eine Rückbesinnung und Anerkennung alter Biervarianten ein. So initiierten Interessierte und Hobbybrauer den International Gruit Day, der jährlich am 1. Februar stattfindet. Zunächst war der vor allem ein Anlass, um auf Treffen oder über Social Media über Grutbier zu diskutieren. Mittlerweile beteiligen sich Brauereien an Veranstaltungen anlässlich des Gruit Days.

Einige Varianten von Gruitbier sind fruchtiger oder sehr mild an Alkohol, was dem Trend am Markt bestens angepasst ist.

Da Grutbier nicht den in Deutschland geltenden Biergesetzen entspricht, gilt es als Craft Bier. Für das Brauen von Bieren, die nicht dem deutschen Biergesetz entsprechen, sind Sondergenehmigungen nötig. Diese sind bürokratisch und finanziell aufwendig, sodass manche deutsche Grutbiere im Ausland produziert und dann wieder nach Deutschland importiert werden.

Das einzige Bundesland, das keine Ausnahmen zulässt, ist Bayern. Hier wird sich in nächster Zeit keine Grutbier-Brauerei ansiedeln, was aber nicht heißt, dass dies unmöglich ist. Seit ich mich als Sommelier mit Bier beschäftige, sehe ich einen Trend zu mehr Vielfalt und Unabhängigkeit auf dem Markt. Was auch für die jüngere Generation Anlass ist, neue Wege auszuprobieren.

Die Weisheit der Frauen

... wir haben keine Zeit mehr für weitere Suche und Überlegungen - unsere Lebensmittel gehen zur Neige, besondere unsere Biervorräte - aus dem Logbuch vom Mayflower 1620.

Für mich ist es ein besonderes Anliegen zum Thema Bier, die Fehler im Werdegang der Gesellschaft in Verbindung mit den Frauen zu dokumentieren, oder auch hervorzuheben. Bierbrauen war ein Frauengeschäft. Mehrere Quellen belegen, dass insbesondere die katholische Kirche, mit deren Gier nach Geld, viele Frauen unberechtigt der Hexerei beschuldigt hat, um die Konkurrenz zu eliminieren. Zu erwähnen ist, dass sogar Hildegard von Bingen ein Opfer davon war.

Bier stand seit dem Beginn der Menschen unter dem Schutz von Göttinnen. Als älteste Göttin, die das Brauen beschützte, gilt die sumerische Gottheit Ninkasi. Bei den Römern war es Ceres, die Göttin des Ackerbaus und der Fruchtbarkeit, die auch die Brauerinnen schützte. Bei den Ägyptern war Tjenemit als Schöpfungsgöttin für das Bierbrauen zuständig. Unvergesslich sollte auch das Hathor-Festival sein, wo in Ägypten zwei Wochen lang Säufnis und Umtrieb geschah.

Wer könnte denken, dass dieses Land mal so lasziv war?

Einen wichtigen Aspekt in der Menschheitsgeschichte spielt das Bier in Zusammenhang mit religiösen Ritualen. Nur das Beste für die Götter während der Zeremonien bereitzustellen, bedeutete in manchen Religionen ein alkoholhaltiges Getränk zu verwenden.

Ausgrabungen in Ägypten oder Europa zeigten, dass Bier bei Ritualen als Opfergabe oder als Grabbeigabe diente und die Priester in der Kirche genießen den Wein auch.

In den finnischen Mythen ist es eine Frau, die das Bier erfindet: Laut dem Nationalepos Kalevala, die die mündlichen Sagen ins Schriftliche übertrug, erfand Osmotar das Bier. Sie habe es erfunden, indem sie Gerste, Hopfen und Wasser mit Honig vermischte.

Literarische und archäologische Überlieferungen legen nahe, dass in vielen Kulturen die Frauen für das Brauen von Bier verantwortlich waren. Bestes Beispiel sind die Wikinger, bei denen das Bierbrauen in den Aufgabenbereich der Frauen fiel. Eventuell auch deswegen wurde die Figur der Heidrun weiblich gestaltet.

Es ist bekannt, dass die Hexenhütte nichts mit Hexerei zu tun hatte, aber als Werbetafel der Brauerinnen fungierten. Damit lockten lustige Damen die Marktbesucher zu ihrem frisch gebrauten Bier. Die Kessel mussten sie in ihren Schuppen außerhalb der Stadt haben und dort brodeln. Viele solcher Frauen waren alleinstehend und schutzlos gegenüber der Kirche und deren Beauftragten. Der Besen mit dem Kopf nach unten zeigte an, dass die Hütte gekehrt wurde und Gäste empfangen werden konnten (Hexenbesen). In Europa war das Bierbrauen bis in die Neuzeit hinein Aufgabe von Frauen. Das Brauen war Teil der Haushaltspflichten, mit dem sich zusätzlich Geld verdienen ließ. Eine der ältesten von Frauen geführten Brauereien des Landes befand sich beispielsweise in Erfurt in einem Ursulinenkloster. Belege zeigen, dass dort die Nonnen im 16. Jahrhundert in großem Umfang und nicht nur für den eigenen Verbrauch Bier herstellten. Die berühmtesten deutschen Nonnen, die Bier brauten, waren Hildegard von Bingen im 12. Jahrhundert und Katharina von Bora im 16. Jahrhundert. Frauen mischten Zusätze in die Biere, um den Geschmack zu verfeinern, wie ich in meinen Mischungen empfehle. Mit ausgefallenen Marketingstrategien versuchten sie besondere Eigenschaften in ihren Produkten anzupreisen.

Haarwuchs auf der Brust, Fertilität und Virilität waren einige der Versprechungen, die Kunden in Reih und Glied vor ihre Häuser zog. Das starke Marketing der Brauereien übertönt diese Vergangenheit und ruft den Konsumenten auf, absurde Mengen des Getränkes zu vertilgen. Obwohl Ärzte, Nutritionisten und der menschliche Verstand alle einstimmig sagen, dass ein Liter Bier zu trinken über dem menschlich möglichen liegt und extrem schädigend ist. Mag für junge Menschen lustig sein, aber wenn wir im Alter alle an den Kosten der Krankenkassen ersticken, werden wir keine Unterstützung der Brauereien erfahren und von der katholischen Kirche noch weniger.

Katzen als Begleiter dieser armen Personen wurden auch von der katholischen Kirche verfolgt. Der Erlass „Summis desiderantes affectibus" durch Papst Innozenz VIII. im Jahre 1484 zeigt, dass unsere Gesellschaft fehlgeleitet wurde und wir sollten Bräuche wie Halloween wirklich gründlich überdenken. Frauen sind keine Hexen und Katzen, Schlangen und Hunde sind keine Botschafter der Hölle. Hildegard von Bingen betrachtete Bier vor allem aus gesundheitlicher Perspektive und empfahl den Genuss bei diversen Leiden. Sie setzte sich für das bisher nicht so stark verbreitete Hopfenbier ein, das sie bevorzugte. Ohne sie hätten wir nur fades und kurzlebiges Bier. Wenn ich die alten Rezepturen durchsuche und mehrfach in der Biergeschichte die Fehlurteile finde, verstärkt mich das in meinen Ansichten. Wir benötigen eine neue unabhängige Perspektive zum Genuss, die weniger auf Quantität basiert, sondern mehr auf Qualität.

Katharina von Bora lernte das Brauen in ihrer Zeit als Nonne und pflegte es auch als Ehefrau von Martin Luther. Sie machte das nicht nur zum Spaß, sondern um die Haushaltskasse aufzubessern. In den Briefen von Luther kann nachgelesen werden, dass sie weit mehr als den üblichen Hausverbrauch braute. Geld war jedoch der Zankapfel zwischen Frauen und der Kirche. Mit zunehmender Professionalisierung des Brauereiwesens setzten sich Männer und organisierte Unternehmen gegen die Brauerinnen durch. Es entstand ein professionelles Biergewerbe und Zünfte für Brauer und Mälzer. So verloren vor allem in Europa die Frauen ihre Bedeutung (und ihre Leben) im Brauereihandwerk. Zur Zeit der Hexenverfolgungen kam das Phänomen der Bierhexen hinzu: Sie waren Hexen, die angeblich Bier vergifteten oder dafür sorgten, dass es verdarb. Frauen, die in Kesseln Flüssigkeiten zusammenbrauten, standen nun unter Verdacht, Hexentränke herzustellen. Wie bei vielen Hexenanklagen waren auch die sogenannten Bierhexen häufig Opfer von findigen Konkurrenten. Mit der fortschreitenden Reformation verfestigte sich ein auf den Haushalt und die Familie beschränktes Frauenbild. Frauen, die Bier für den Verkauf herstellten oder auf einem Markt ausschenkten, passten nicht in dieses patriarchalische Rollenbild. Zentren des Bierbrauens wurden Klöster und professionalisierte Brauereien. Einige Frauen führten erfolgreich Brauereien, allerdings meist als Witwen, die das Erbe ihres Mannes antraten. Dazu zählten in Bayern beispielsweise Therese Wagner oder in Baden-Württemberg Fanny Leicht. Auch Susanna Waitzinger führte eine Brauerei zum Erfolg. Sie leitete im 19. Jahrhundert die Waitzinger Brauerei in Miesbach. Diese Aufgabe übernahm sie schon zu Lebzeiten ihres Ehemanns, der den Gerüchten und Überlieferungen nach nicht sehr geschäftstüchtig war. Als dieser starb, erweiterte sie die Brauerei und den Gasthof um ein Hotel. Damit erreichte sie, dass ihre damalige Bierbrauerei zu den größten Privatbrauereien in Oberbayern gehörte.

Ich danke diesen Frauen, die etwas in unserer Geschichte hinterlassen haben und bedauere, dass eine Entschuldigung für die zahlreichen Verbrechen auf sich immer noch warten lässt. Ich bin sicher, dass jetzt auch ein guter Zeitpunkt für neue Visionen in der Bierwelt ist. Und auch Heidrun ist eine Frau, wenn doch auf vier Beinen, ohne sie hätte ich dieses Buch nicht schreiben können.

Möglichkeiten des Brauens

Wer kennt nicht den Spruch „Gutes Bier wird nicht vermischt", obwohl wir Brot mit allen möglichen belegen. Beide Nahrungsmittel bestehen aus den gleichen Zutaten, klar, bis auf Hopfen. Die Berliner Weiße ist extrem sauer, wie das benachbarte belgische Gebräu. Dort steht außer Diskussion, dass man diese Biere doch mit Waldmeister, Himbeersaft, Kirschlikör oder anderen Säften mischt. Die heilige Hildegard von Bingen schrieb in ihren medizinischen Aufzeichnungen bereits, dass Bier (insbesondere Dinkelbier) ein ausgezeichnetes Trägermedium für Heilkräuter ist.

Wer Alkohol trinkt, sollte immer Wasser zum Ausgleich trinken. Unter dieser Prämisse habe ich vor Jahren angefangen, nach Methoden zu suchen, das Bier zu mischen, um Alkohol zu reduzieren. In Bayern haben wir unsere Radler und viele Brauereien suchen ständig nach alkoholfreien Varianten, die Erfrischung und Genuss bereiten.

Hanf als komplementäre Pflanze zu Hopfen wird als Aphrodisiakum verstanden. Dabei ist Hopfen eher eindämmend in der Wirkung. Angesichts des Zölibats und anderen absurden Einschränkungen des Katholizismus, wäre es undenkbar, dass Hanf weiträumig akzeptiert werden könnte. Da andere Kräuter über bessere medizinische Eigenschaften verfügen, die auch gesundheitsfördernd wirken, sollte man darauf nicht verzichten. Ein gut gehopftes Pils vor dem Schlaf wirkt Wunder, sagt man im Volksmund.

Unser Magen hat durchschnittlich ein Volumen von 1,5 Liter. Nach einem Maß-Bier ist kein Mensch mehr fahrtüchtig. Der Abbau von Alkohol ist abhängig von der gesundheitlichen Konstitution und dem Geschlecht. Nicht mehr als 0,2 Promille je Stunde.

Das bedeutet, man bedarf mindestens zwei Stunden nüchtern zu sein, damit man wieder befähigt ist, ein Fahrzeug zu führen.

Die angebotene Portion wäre sogar eine Anstiftung zu einer Straftat, aber da Großkonzerne und viel Geld dahinterstecken, übertragen die Gerichte die Verantwortung den Konsumenten.

Brennnessel, eine andere Variante der Gruitbiere, wird nur einmal im Jahr geerntet. Darum wird sie für das Brauen oder die Zubereitung von Elixieren besonders geschätzt. Der naturnahe Geschmack bietet eine frühlingshafte Note zur Ergänzung. Als Begleiteffekt kann man die verschiedenen Heilwirkungen des Krautes zum Genussmoment dazurechnen.

Die Herstellung von Brennnessel-Bier folgt einem Rezept, das nur wenige Zutaten benötigt: frische Brennnesselblätter, Zitronensaft, Wasser, Honig oder Zucker und Bierhefe. Nachdem die Blätter gesiedet und die restlichen Zutaten hinzugefügt wurden, muss das Ganze drei bis sechs Tage lang gären.

Das junge Bier wird in sterilisierte Bügelflaschen abgefüllt und für sieben Tage ruhend aufbewahrt. Nach einer Reifungszeit von ein bis zwei Wochen ist das Ergebnis bereit zum Genuss.

Das Elixier folgt dem gleichen Rezept, aber ohne Bierhefe und klar, eine Gärungszeit ist dann überflüssig. Brennnesselbier mangelt es an einer Schaumkrone.

Es besitzt eine dezente Süße, die von einer erfrischenden Kräuternote begleitet wird. Insgesamt ergibt sich ein feinwürziger Geschmack mit Noten von Eisen und Zitrusfrüchten.

Seit einigen Jahren beleben kleine Brauereien die alten Rezepte und das Flair der Vergangenheit wieder und suchen dabei innovative und köstliche Produkte.

Die Bierverkostung daheim

1) Bisher haben wir einige Biersorten beschrieben. Dies sollten Sie auch für Ihre eigene Bierverkostung vornehmen. Trinken ohne Gespräche ist wirklich fad.

2) Ich trug die Geschichte von Bayern vor, aber Sie können Ihr Land, Nachbarschaft oder Familie beschreiben. Das ist eine ausgezeichnete Einleitung zum Abend und dann bereiten Sie den Tisch vor.

3) Die Gläser sollten breit, für das Atmen förderlich sein und einen langen Stiel haben.

4) Zwischen den Bieren sollte Wasser serviert werden.

5) Brot ist in meinen Bierproben meistens dabei, aber es geht auch ohne.

6) Bier auf die passende Serviertemperatur bringen.

7) Nie mehr als 0,125 Liter servieren.

8) Eventuell das Bier mit Säften oder Elixieren ergänzen.

9) Bewertungsbogen verteilen.

10) Gläser möglichst wechseln.

Meine Empfehlung zu einer ausgewogenen Biergetränkemischung ist, ein Drittel des Elixiers oder Kräuterbier zu einem Bier geben. Es ist, kurz gesagt, ein Glas voller Magie.

Heidrun hat hier vieles geleistet und hat sich sauber ein Bier verdient.

Die hier beschriebenen Fakten sind historisch belegt. Da, wo es meiner Meinung nach, eine Interpretation erlaubt, habe ich diese entsprechend formuliert, damit es keine Missverständnisse gibt. Haben Sie viel Spaß mit meinen Empfehlungen und senden Sie mir Ihre Meinung und Erfahrungen. Lernen kann man immer und wenn nicht, dann war das Bier zu viel.